U0924436

变革学业评价 激发创造思维（上册）

——2017年四川大学非标准答案考试论文及试题集

主　编／张红伟
副主编／严斌宇
编　委／王　军　李　麟　何　玮　陆　斌

四川大学出版社

责任编辑:李天燕
责任校对:蒋姗姗　周　艳
封面设计:墨创文化
责任印制:王　炜

图书在版编目(CIP)数据

变革学业评价　激发创造思维:2017年四川大学非标准答案考试论文及试题集 / 张红伟主编. —成都:四川大学出版社,2017.12
ISBN 978-7-5690-1429-7

Ⅰ.①变… Ⅱ.①张… Ⅲ.①四川大学-考试制度-教育改革-经验 Ⅳ.①G642.474

中国版本图书馆CIP数据核字(2017)第305938号

书名　**变革学业评价　激发创造思维**
——2017年四川大学非标准答案考试论文及试题集
Biange Xueye Pingjia　Jifa Chuangzao Siwei
—2017 Nian Sichuandaxue Feibiaozhun Daan Kaoshi Lunwen Ji Shitiji

主　　编　张红伟
出　　版　四川大学出版社
地　　址　成都市一环路南一段24号(610065)
发　　行　四川大学出版社
书　　号　ISBN 978-7-5690-1429-7
印　　刷　四川盛图彩色印刷有限公司
成品尺寸　170 mm×240 mm
印　　张　30.125
字　　数　659千字
版　　次　2017年12月第1版
印　　次　2017年12月第1次印刷
定　　价　86.00元(上、下册)

◆读者邮购本书,请与本社发行科联系。
电话:(028)85408408/(028)85401670/
(028)85408023　邮政编码:610065
◆本社图书如有印装质量问题,请寄回出版社调换。
◆网址:http://www.scupress.net

XUYAN

序言

教育不是注入一桶水，而是点燃一把火。一流大学的教育目的不仅是让学生学习知识、提升素养、塑造人格，更是要让学生真正具有独立思考能力、创新创业能力、协作精神和社会担当能力。四川大学把课堂教育教学改革作为突破口，把学业评价方式改革作为切入点，以此来提高教育教学质量。从2011年开始，学校全面启动实施了“全过程考核一非标准答案”考试改革，核心就是要打破传统的应试教育模式，从过去靠死记硬背的“记忆式”学习向“想象式”学习转变，使学生在学习和运用知识的同时，更要去想象、去独立思考、去自由探索，激发学生去异想天开、创新创造，培养学生的批判精神和独立思考的能力。

对学校全面实施“非标准答案考试、取消60分及格”的学业评价方式，我们的老师大力支持、积极参与，全面推动改革，主动改变理念、改变思维、改变传统的考试命题方式和习惯，让试题更具灵活性、开放性与探究性，使考试的内容不是简单地去考学生背了多少、记了多少，而是考学生思考了多少、领会了多少，促使学生有好想法、好创意，以此来激发学生学习的积极性、思维的创新性，促使学生真学、真想、真领会。

历经6年的考试改革探索与实践，我们已经逐步从“期末一考定成绩”的传统而单一的学业考核方式，转变为“学业（课程）考核全程化、评价标准多元化、考核方式多样化、考核结果动态化”的新模式。当前，我们正在全面推进世界一流大学和一流学科建设。建设世界一流大学，核心是培养一流人才，关键就是要办最好的本科教育。我们要以继续深入实施“探究式—小班化”课堂教学改革为突破口，全面推行启发式讲授、互动式交流、探究式讨论、非标准答案考试，真正促进师生互动、教学相长，努力培养真正具有独立人格、宽广视野、开阔心智和理想气质，具备国际竞争力、领袖能力和广阔潜力的一流人才。

基于此，我们收录了非标准答案考试改革的典型案例，并集结成册，公开出版发行，以期激发广大教师参与和推动“全过程考核—非标准答案”考试改革的积极性和主动性，进一步全面推进学校教育教学改革，提高学校创新人才培养的质量和水平，为建设高等教育强国、实现中华民族伟大复兴“中国梦”作出“川大贡献”。

四川大学校长、中国工程院院士 谢和平

2017年11月29日

目录

CONTENTS

文科 P001

理科 P154

文科
WENKE

行政法学
课程号：103073020

课程简介

行政法是以行政法及相关社会关系为研究对象的一门法学学科，“行政法学”课程是法学专业骨干课程。该课程重点介绍行政法产生与发展规律、行政法基本原则、行政组织法律制度、行政行为法律制度、行政程序法律制度及行政救济法律制度。“行政法学”课程的教学目标是让学生掌握行政法学的基本概念、基本理论与基本方法，培养学生运用行政法理论与方法分析和解决行政法问题的能力。

徐继敏／四川大学法学院

徐继敏，2005 年毕业于中国人民大学宪法与行政法学专业，获法学博士学位。现任四川大学法学院宪法与行政法教研室主任，教授，行政法、行政诉讼法方向博士研究生导师。系中国法学会行政法研究会常务理事，四川省学术和技术带头人。主要研究领域为行政法、行政诉讼法、行政体制改革。先后主持完成国家社会科学基金课题三项，科研成果多次获得省部级一、二、三等奖，公开出版个人学术专著多部，在《中国法学》《清华法学》等刊物公开发表学术论文多篇，多篇学术论文被人大复印资料等全文转载。

徐继敏教授每年为博士生开设行“政法学”“行政诉讼法学”两门课程，为硕士生开设“行政法学”“外国行政法”“行政程序法”三门课程，为本科生开设“行政法学”课程，并讲授法学前沿、新生研讨课等。积极探索教学改革，针对教学内容采取讲授、案例教学、研讨等教学方法，获得四川大学“唐立新教学名师奖”等，主持教学改革项目“法学本科生教学方法与教学内容衔接研究”。

非标准答案考试
促进学生在行动中学习

四川大学法学院　徐继敏

在行动中学习的方法被称为行动学习法（learning by doing），是通过行动来学习，即通过学生参与一些实际工作项目或解决一些实际问题，将课堂讲授的理论知识与实践结合，提高学生对理论知识的掌握程度，提升学生利用理论知识解决实践问题的能力。

学生的学习内容包括知识、技巧、技能和信念。标准答案考试更重视检测学生知识的掌握程度，因此，这种考试会引导学生将学习重点放在学习知识，而不重视技巧、技能和观念的学习，不利于学生综合能力的提升。与标准答案考试相比较，非标准答案考试的命题更具灵活性、探究性和开放性，通过激发学生的学习积极性来提升学习效果。此类考试在引导学生学习知识的同时，强调技巧、技能和观念的学习，培养学生利用知识分析和解决问题的能力，提升思维的创造性，为学生充分

展示其聪明才智提供机会和条件。

在 2017 年春季行政法学课程考试中，我们采用了非标准试题考试。在课程开始时布置考试题目与内容，考试题目为“从行政法学视角分析共享单车管理中的法律问题”。该试题的背景：自 2016 年开始，共享单车在全国多个城市快速发展，共享单车在方便人们出行的同时也带来一系列问题。政府在共享单车管理中采用何种措施及如何管理，是理论与实务界关注的热点问题。学生可以在以下领域展开研讨并形成小论文，作考试答辩：（1）在共享单车管理领域，政府、市场和社会如何定位；（2）如何通过立法或者规则解决共享单车面临的现实问题；（3）政府在共享单车管理中的角色与作用；（4）政府在共享单车管理领域的行为；（5）共享单车的规划管理，包括停放场地、车辆投放数量、共享单车行驶路线等；（6）政府内部责任划分，包括不同层级政府的责任、不同主管部门的责任等；（7）如何提升政府服务水平，促进共享单车健康发展；（8）学生认为值得研讨的其他问题。

此次非标准答案考试在课程进行之初就开始实施，除检测学生学习水平外，还通过考试激发学生的学习积极性，引导学生利用每次课堂上学习的理论知识解决现实中的热点问题；通过考试培养学生阅读、收集资料、整理资料等方面的能力。为完成本考试，学生需要阅读大量文献，收集相关资料，对相关资料进行整理并提出看法。这些活动有利于提升学生的学习能力，促进学生在行动中主动学习。为完成本次考试，学生都亲身骑行了共享单车，并对校内外的共享单车运营及管理状况、存在的问题进行了实地调研。学生参与调研后，发现大量理论与实践问题，返回课堂后将这些问题提交老师、同学共同讨论，形成解决问题的方案。

本次非标准答案考试促进了学生在行动中学习，激发了他们学习行政法学的积极性，提升了他们利用行政法学理论分析和解决问题的能力。在此次考试学生完成的调研论文中，主题涉及“大数据背景下共享单车停放秩序的政府管理”“行政处罚和行政奖励对促进共享单车发展的作用”“将共享单车违规使用纳入政府社会信用体系问题”“共享单车管理中的立法问题”“政府在共享单车管理中的角色与作用”“政府、企业与社会在共享单车管理领域的作用”“行政主体在共享单车停放问题上的规划管理——以成都为例”“政府在解决共享单车诸多问题过程中的角色定位”等。应当说，这些调研论文都相当有质量，提出的对策建议基本都具有可行性。从学生提交的答案可以看出，他们都亲身体验了共享单车，都对相关问题展开了调研，对课程要求掌握的理论知识都掌握得很好，并且能够利用理论知识分析和解决实践中存在的问题。

考试题目

题目：

从行政法学视角分析共享单车管理中的法律问题

试题说明：

自 2016 年开始，共享单车在全国多个城市快速发展，共享单车在方便人们出行的同时也带来一系列问题。政府在共享单车管理中采用何种措施及如何管理，是当前理论界与实务界关注的热点问题。行政法是介绍政府如何组织、如何实施管理及如何防范政府权力滥用的一门学科。学生在学习行政法时，亲身体验共享单车管理中的法律问题，以共享单车政府管理中的相关法律问题为案例，促进自身学习行政法知识。

学生在行政法学课程学习中，结合行政法理论，分析当前热点的共享单车问题；每个同学独立完成一篇研讨性小论文。可从以下角度选择研讨领域：

（1）在共享单车管理领域，政府、市场和社会的定位；

（2）如何通过立法或者规则解决共享单车面临的问题；

（3）政府在共享单车管理中的角色与作用；

（4）政府在共享单车管理领域的行为（许可、处罚、强制、裁决等）；

（5）共享单车的规划管理：停放场地、车辆投放数量、共享单车行驶路线等；

（6）政府内部责任划分：不同层级政府的责任、不同主管部门的责任等；

（7）如何提升政府服务，促进共享单车健康发展；

（8）你认为值得研讨的其他问题。

考试要求：

第一，选题。在共享单车管理领域，结合行政法学问题选题；选题小一些，要讨论具体问题。

第二，研究路径。收集资料和思考，形成选题，在充分论证的基础上形成资料，写作。

第三，作业完成时间。第 4 周布置任务，第 14 周结束时提交书面论文。

第四，字数。原则上不要求， 2000 ~ 5000 字为宜。

学生答案

本次考试83位学生全部参加，形成了83份小论文，以下呈现的是最具有代表性的两篇论文。

答案一：

法学院　钱子威　2016141021062

大数据背景下共享单车停放秩序的政府管理思路

【摘　要】共享单车在飞速发展的同时带来了一系列问题，其中最迫切需要解决的问题之一便是共享单车的乱停乱放。基于大数据思维模式，政府也应当创新管理共享单车的模式，采取大数据联动管理模式，加强用户、企业和政府的信息交流，建立完善的数据共享机制和数据库系统，为管理共享单车停放秩序提供新思路。

【关键词】共享经济　共享单车　停放秩序　大数据

随着移动互联网的深入发展，依托大数据的运用，共享经济在我国交通领域中飞速发展，共享单车应运而生。它符合政府所倡导的绿色出行的理念，低碳而环保，可以帮助解决交通拥堵、环境污染等城市顽疾，有效地解决了短途出行的“最后一公里”问题。但是，每一个新兴事物的发展必定会与周围环境有一个磨合的过程，共享单车也不例外。当下，有关用户在使用过程中诸多不文明现象的报道屡见不鲜，仅在停放秩序方面就出现了乱停乱放、占用道路、私自占有等现象。

共享单车停放秩序的问题，不能简单通过加大行政处罚力度来解决，而是应该回到共享单车“互联网 + ”的特殊属性，依据共享经济背后大数据的支持，建立新型的政府联动管理模式。

一、共享单车背后的大数据助力和大数据资源

北京摩拜科技有限公司 CEO 王晓峰在谈到摩拜单车的创立初心时说：“摩拜这个企业一直在想怎样能够推动交通拥堵问题的解决，让北京每天减少 100 万辆汽车上路，这是我们的初心。”不管是 ofo 还是摩拜，都以满足用户的需求为根基。城市道路交通是复杂的，用户的需求也是不断变化的，共享单车企业必须利用大数据实时分析市场变化，以用户为中心，不断挖掘用户的需求，才能成为最后的胜利者。

因此共享单车企业累计了庞大的数据：一个用户在注册时首先要提供电话、真实姓名和身份证号码，其次较为精确的 GPS 系统记载了每个用户的出行数据。摩拜创始人在一次发布会上播放绘制的北京、上海、广州、深圳四个城市一天 24 小时人们的出行地图，数据量大得惊人。通过大数据技术汇总与分析，共享单车公司能够详细了解单车市场情况，例如：哪些地方容易聚集大量单车，单车使用需求量大；哪些地方单车使用人数较少；哪些地方单车破损率高。这些数据由于交通工具是自行车的原因，海量且细致，而政府依靠自身大数据管理系统难以收集到这类出行数据。另外，通过这些数据统计还可以建立平台内部信用连带机制，这为建立一个不只限于共享单车领域的、统一的信用管理体系提供了数据基础。可以说，大数据对共享单车的发展起到了巨大的推动作用，而大数据思维也为政府规范共享单车的停放秩序提供了新的思路。

二、从合作管理模式细化到大数据联动管理模式

（一）当前政府管理共享单车的自身定位和办法

随着共享单车好处和弊端的进一步显现，政府态度也逐渐从善意观望转变为

学生答案

积极探索管理方案。交通运输部 2017 年第三次例行发布会上，新闻发言人吴春耕表示，鼓励支持共享单车这种“互联网 +”交通出行的创新方式，政府部门要加强规范和指导，企业要承担管理责任，提升服务水平，公众也要文明出行，共同促进共享单车的发展。上海、深圳、成都等城市都相继出台了管理办法，积极鼓励共享单车发展并制定方法管理共享单车。

综合三地发布的指导意见，可以具体分析出当下政府管理共享单车的思路：第一，明确共享单车的地位和发展方向，将其定位为城市慢行交通系统的组成部分，主要服务于市民片区中短距离出行和公共交通换乘的自行车。第二，政府对待共享单车持鼓励、支持、保护，最后规范的态度，而不是“全无全有”规制思路[1]（将新兴行业视为传统规制行业之变形，纳入既有的规制框架之内，或是将此类市场创新界定为非规制行业，任由其“野蛮”发展）。第三，管理共享单车使用合作管理方式，在政府内部方面，明确各政府部门之间、市和区级别的部门之间的分工与配合；在政府外部方面，强调各方的协作管理，政府起到统筹兼顾的作用，成为企业、社会、行业自律组织之间的纽带。

在各地管理办法相继出台之前，政府对于解决共享单车停放秩序问题主要采取加强行政处罚力度这一方法。但是单纯的行政处罚只是探索管理共享单车停放问题的第一步。应当明确的是，在停放秩序方面，共享单车与普通自行车没有什么区别，普通自行车也面临着乱停乱放等问题，只是由于使用者对单车不负责和单车数量庞大等才暴露出自行车一直以来的停放秩序问题。在各地管理办法出台之后，可以看出政府越来越倾向于合作管理共享单车，这是值得肯定的。

（二）大数据联动管理模式的合理性剖析

大数据技术为实现联动管理提供了技术保障和支持。“联动”是指若干个相关联的事物，一个运动变化时，其他的也跟着运动或变化[2]。大数据联动管理模式是指政府与各方主体都处于一个比较平等的地位，各个参与主体通过大数据平台以共享单车的管理为核心内容展开对话与协商，从而不同于政府掌握核心管理权的管理模式。公共服务是政府、公共组织或经过公共授权的组织具有共同消费性质的公共物品和服务，对于政府来讲，公共服务是其职能的重要部分，理应参与协商。而对于企业来说，虽然盈利是第一目的，但是共享单车具有公共服务层面的内容；而现有公共服务的大环境也会影响企业的盈利，所以公共服务也与企业的利益息息相关。共享单车的用户为了提高自身的体验，实现单车的安全和便利，也会一定程度地参与公共服务的共管，间接实现和保障自己的权利。各方都具有参与的积极性和适当理由，这就为大数据联动管理共享单车的模式提供了可能性。

大数据时代[3]信息流动的途径由传统的单线垂直流动转变为裂变式扩散，公众和机构获取信息的渠道和方式也变得多元化。以共享单车为例——企业为一个信息源，政府为一个信息源，用户群体是一个信息源——信息围绕着这些信息源扩散，因此管理中心也应当围绕不同的角色呈现“多中心”分布。政府已不可能实现对共享单车的封闭管理。创新型产业的出现，对政府的回应性也产生了更高的要求。一方面政府需要倾听市场多方的诉求并且能够及时地回应，既不无视也不敷衍；另一方面，政府要能够主动预测公众的需求，做好提前规划，主动管理。运用大数据联动管理模式，能够彻底打通数据流动渠道，使政府掌握多方主体的动态，及时回应公众的诉求，而且通过整合多方信息，极大提高政府行政和其他部门的执法效率。

此外，由于联动管理模式下参与主体处于平等地位，因此各方要求合作的同时必然会要求对方不侵害自己的合法权益，伴随而来的就是相互监督。多方平等主体之间的相互监督，有利于联动管理机制的内部和谐，也有利于为共享单车创造更加宽松的市场环境。

三、大数据联动管理模式对于共享单车停放秩序的具体运用

（一）完善慢行交通系统

政府的大数据系统是以 2016 年 11 月举办的第十一届航展期间的交通状况为例的。珠海交警在这届航展来临之前就对历届航展的交通状况数据进行了分析，制订了详尽的解决方案。与此同时，珠海交警还与高德地图合作，借用其背后的

学生答案

庞大数据为人们出行提供实时参考，结束了“航展年年堵”的历史。在珠海举办的盛况空前的张学友演唱会交通方面的顺利疏通，也得益于大数据。如果珠海交警没有在前期利用大数据进行分析，制定交通指引和疏导等措施，数万人和车同时涌入位于主城区的体育中心绝对会造成交通系统的瘫痪。同样，政府有这个能力利用自身的大数据系统结合企业提供的本地注册用户数量、车辆规模、车辆分布、使用频率和用户出行等信息，完善慢行交通系统，为管理单车停放秩序打下基础。政府各部门应当分工明确，相互配合。市级负责慢行交通系统的总体规划和道路非机动车停放点的设置导则；区级结合属地实际，具体编制区域慢行交通系统和非机动车停放点，完善非机动车通行网络、停放点等慢行交通设施。同时将已有的交通道路布置情况、道路上不同车型的汽车的流量结合共享单车平台分享的数据，形成区域范围内慢行交通系统大数据库。

（二）吸纳平台积累的出行数据和用户反馈初步规划停车区域

公众场合共享单车停放点的设置可以由政府规划安排，平台协助分析。笔者发现，除去一部分公共场合乱停乱放的单车，另一部分的乱停地点集中在较为封闭的区域，如公司、学校和小区等。这些地点是街道办事处和城管能力难以企及的地方。停放在这里的单车的使用率、共享率大大降低，有可能表面上是共享单车，但实质上已成为私人专用单车。针对这一现象，可以建立用户反馈机制，依靠这些用户反馈，适当地在封闭区域之外临近的开放区域设置停车区域，并且鼓励用户及时监督举报，一旦举报的车辆信息与该车 GPS 系统确认的信息吻合，就可以对该车违规用户通过共享平台进行处罚。用户反馈机制需要由政府建立一个统一的平台，或者包含在未来需要建立的信用系统中，考虑到用户有可能不会情愿再安装一款 App 或者进入公众号，可以将这个统一的反馈平台的入口建立在各大共享单车软件里。因为市场上共享单车企业众多，单单通过一家公司的用户反馈信息来做判断是不全面的。笔者认为企业可以与高德地图、百度地图等公司合作，为用户推荐优选的出行路线，避开机动车多的拥堵路段。这样做还可以帮助政府预测停车区域。

（三）停放区域实体分界线与电子围栏相结合

以成都市为例，很多街道已经设了白边绿标的停放区域。但是结合共享单车的互联网特征，为了更好地规范用户，应当考虑设置电子围栏——只有将共享单车停放入围栏内，才能够落锁；或者用户只要没有停放在指定区域内，单车就会一直处于使用状态续费。但是共享单车的一大优势本就在于其便利性，如果划定虚拟停车圈规定车只能停在固定区域，那本优势也就不复存在，这一弊端不得不考虑到。因为电子围栏的数量毕竟是有限的，再多也无法满足随意停车的需要。

笔者经过思考提出两个可行的办法：（1）永久围栏与临时围栏相结合。通过数据分析可以得出何时何地车停放量最多，用户最希望在什么地点、什么时候停放车，并且预测停放热点，设置临时围栏。临时时间段内可以停放车辆，过了时间段只可以取车不可以继续停放。（2）停放地域运用白名单结合黑名单的方式来决定。在一些车流量较大的、不方便停放单车的地方设置白名单——只有围栏内才可以停车；在一些车流量较小、整体而言方便停车，只有局部不能停车的地方设置黑名单——名单内区域不可以停车，名单外可以停车。

（四）建立信用系统

虽然摩拜单车已经有信用记录，但还不够完善。政府可以协调多家共享单车公司共同建立一个共享单车信用系统，并与公安系统、银行系统绑定，实现单车信用与社会其他方面信用双重评价的数据库。绑定多个信用系统以增强其约束力。但是社会信用系统的建立还有一段很长的路要走，短时间内建立起来不太可能。为了加强现有平台上的信用系统的约束力，可以让平台直接发出违停警报或者将违停信息直接传达给警方，让警方以行政处罚的形式对使用共享单车违法占用机动车道的用户进行行政处罚。

以上是笔者对于共享单车停放秩序的管理思路的思考，并结合自己的骑行经历和发现提出解决建议。由于笔者知识水平有限，没有就大数据联动管理模式的具体操作进行叙述，只是提出一个设想——以服务公众为中心，政府、共享单车平台、用户和行业协会平等参与的联动管理模式，有利于为共享单车创造更加宽

学生答案

松的市场环境，也可以使停放秩序问题得到更有效的解决。

参考文献

[1] 彭岳．共享经济的法律规制问题——以互联网专车为例［J］．行政法学研究，2016，95（1）：117-131.

[2] 李河．得乐园与失乐园［M］．北京：中国人民大学出版社，1997。

[3] 史军．从互动到联动：大数据时代政府治理机制的变革［J］．中共福建省委党校学报，2016（8）：56-63.

答案二（节选）：

法学院　何　莎　2016141021047

从行政法学角度分析共享单车的发展
——从行政处罚和行政奖励两个角度看政府的推动作用

【摘　要】共享单车在不断挖掘市场潜力的过程中面临诸多问题，政府作为宏观调控的参与者，应充分发挥自身职能为其良性发展规避风险。行政处罚可有效防止市场恶性竞争、规范市场秩序，促使公民提高个人素质、增强自身信誉度，从而提高资源利用率。行政奖励可带动市场良性竞争、推动技术进步、节约成本，鼓励公民爱车护车，在全社会形成示范效应。

【关键词】现状　行政处罚　行政奖励　市场竞争　信用制度

随着知识社会创新 2.0 推动下的互联网形态不断演进，即“互联网 +”的火热发展，共享经济也随之蓬勃发展。在汽车数量激增、城市交通拥堵、环境压力巨大的现代社会，先进的信息技术催生了共享单车的公共交通方式，作为一种创新十足的低碳环保的出行方式，其便利度使其在快节奏的当代社会迅猛发展，但同时也面临诸多问题。而在中国特色社会主义市场经济条件下，政府作为一只“隐形的手”，在推动其健康发展的过程中起着重要作用。笔者将从共享单车目前的发展现状入手，从行政处罚和行政奖励两个角度分析政府在共享单车的管理领域发挥的作用。

学生答案

一、共享单车的发展现状

共享单车作为共享经济的一种发展模式，解决了城市出行“最后一公里”的问题。由于骑行成本低、便利，共享单车受到了广大群众的青睐。然而，尽管其快速兴起，但仍处于发展的初级阶段，存在诸多问题。

（一）企业间的恶性竞争导致市场秩序混乱

……

（二）资源配置不合理，单车利用率低

……

（三）信用制度欠缺，无信用体系监督

……

（四）相关基础设施匮乏，配套服务水平低

……

二、从行政处罚角度分析政府作用

行政处罚是指行政机关或法律、法规授权的组织依照法定权限和程序，对违反行政法律规范但尚未构成犯罪的行政相对人给予行政制裁的具体行政行为。行政处罚的目的是减少违法行为的发生，通过处罚让行为人感受痛苦，让其他人看到痛苦，抑制违法行为。……

综上所述，对共享单车市场中企业的不良竞争以及公民的不规范用车行为予以行政处罚，主要是为教育公民、法人或者其他组织自觉守法，进而发挥政府在共享单车的发展之路上的推动作用。

针对市场秩序混乱的现象以及资源配置不合理的问题，根据《关于鼓励和规范互联网租赁自行车发展的指导意见（征求意见稿）》第 16 条以及第 7 条规定，当企业在经营过程中有违法违规行为，破坏市场正常竞争秩序时，例如为获取垄断利润超低价经营而随意无节制投放共享单车、投放低质量共享单车，可责令其停产停业或予以警告、罚款等，同时可将其列入黑名单，并通报批评或加重税务负担，以维护公平公正、开放自由的市场秩序。

针对信用制度完善与信用体系建设问题，政府部门应从企业和用户两方主体着手，双管齐下，推动信用管理水平的提高。

2017 年 4 月 27 日，国家信息中心与摩拜、ofo、永安行等 10 家共享单车企业签署信用信息共享协议，建立了政府部门与共享企业信用信息的共享机制。平台实现了信用查询、红黑名单、守信联合激励和失信联合惩戒等功能，一定程度上填补了信用制度长久以来的空白。不过政府还应监督共享单车企业建立实名认证，规范用户在骑行、停放等方面的要求。如果仍有企业未达要求，则应按照相关法律法规对其给予相应的行政处罚。根据《中华人民共和国行政处罚法》第 23 条规定："行政机关实施行政处罚时，应当责令当事人改正或者限期改正违法行为。"推动企业主动完善其内部运营的信用体系。

对违法不规范使用单车的个人行为，要通过行政处罚的方式严厉打击，涉及刑事责任的也应严厉追究责任。对恶意破坏、毁弃、盗窃共享单车的行为，根据《中华人民共和国治安管理处罚法》第 49 条规定，对随意停放的行为，根据《道路交通管理条例》第 84 条规定，公安交警部门、城管部门等有关单位按职责依法进行处罚，并将其违法违规信息纳入个人信用记录。在倒逼公民遵守法律、合理合法使用共享单车的同时，也应从正面完善公民的个人信用制度，将用户的不文明行为和违法违规行为记入信用记录，建立守信激励和失信惩戒机制。

三、从行政奖励角度分析政府作用

行政奖励，是指行政机关对为国家、社会、人民做出贡献或者模范遵守法纪的行政相对人依法给予的物质或者精神奖励的具体行政行为。行政奖励相比于行政处罚，给人以欢愉之感，更具有激励作用，可在社会、市场竞争中形成示范效应，带动整体向前发展。

在共享单车领域，为规避不良竞争带来的风险，政府部门可对公平参与市场竞争、合理合法使用资本等生产要素经营的企业予以行政奖励，将信用制度良好、

学生答案

诚信经营的企业列入白名单，通报表扬。受行政奖励的企业因而名牌效应增强，竞争力增加，有利于自身更好地获取市场份额，实现良性发展。政府部门还可通过出台行政奖励的具体规定，例如：在用户使用App骑行、停车时，对使用了“电子围栏”“鹰眼”技术的企业或者已经建立了一套完善的信用积分制度来监督公民规范用车的企业予以表扬，并进行物质鼓励。运用此种方式积极鼓励企业进行技术革新、提高投放单车质量，便于政府部门的有效管理。除此之外，政府部门还可对使用主体，即公民个人进行奖励，以表彰其规范用车行为，正面带动其他公民合理合法用车。例如可在信用信息平台上挑选用车信用度极高，有自主爱车护车行为的用户进行表扬嘉奖；可对积极主动举报违法用车、违规停车的公民予以物质奖励或者精神奖励；也可对为共享单车发展积极献言献策并且所提建议行之有效的公民进行表彰。这些措施都是旨在以行政奖励的方式鼓励企业树立正确的经营战略，和平竞争，规范市场秩序；鼓励公民正确使用单车，形成示范效应，从而减轻管理压力，提高服务水平。

政府部门通过行政处罚和行政奖励两方面的行政行为，对共享单车的发展进行有效管理，解决其目前遇到的发展瓶颈和潜在问题，努力推动其健康发展。而共享单车的长久持续发展需要社会各阶层共同参与，创新思路，一齐发力，在未来的发展中不断寻找新的突破点，释放更多更新的市场潜力，在便利广大人民群众出行的同时推动低碳经济继续发展，建设生态友好型小康社会。

教师点评

本次考试在课程开始时就进行了布置，学生准备考试与参与考试贯穿于课程教学全过程，激发了学生学习本门课程的积极性，有效促进了学生利用课程所学法律知识分析现实中存在的热点问题，提出解决问题的方案。学生在完成考试的过程中，需要实地体验共享单车，发现共享单车运营、管理面临的问题，需要收集大量文献资料，并就相关问题与老师、同学讨论，这些学习行为培养了学生调查研究、收集文献资料、互动学习的能力，实现了课程知识传授、技能与能力培养、观念转变等教学目标。

课程考试的结果是学生全部提交由自己独立完成的研究报告（小论文），且这些研究报告都有独到见解，大量观点可供实践部门采用。此考试帮助实现了行政法学课程教学目标。

法语词汇学
课程号：105092020

课程简介

“法语词汇学”是针对法语专业三年级学生开设的一门专业选修课程。 其开设目的首先是让学生了解并掌握一定的法语词汇学知识，其次是让学生在完成基础阶段的语言学习后，大幅度扩充词汇量，进一步提高语言水平和能力，尽快达到专业八级的水平。此外，在词汇学习过程中加深并扩展对法语历史文化知识的了解，也是本门课程的目的之一。

相对于语法的稳定性和系统性，词汇呈现出开放、散发和多变的特点；并且学生对词汇学习的需求和习得方式也非常个性化。就课堂教学而言，不可能在有限的教学中穷极所有的词汇，也很难以单一的教学模式照顾到学生各自不同的学习习惯和进度。 因此，本课程所教授的不仅是词汇知识，还有词汇的习得能力；不仅是语言习得能力，也包括团队合作、文献搜索、信息处理等综合能力。

敖　敏 / 四川大学外国语学院

敖敏，女，外国语学院副教授，法国蒙彼利埃第三大学语言学博士，自1995年起在四川大学任教，先后承担本科生法语专业“综合法语”“词汇学”“写作”“语法”“口译”等十余门专业课程，以及研究生的法语语言学基础、法语教学法等课程的教学工作；承担本科生学年论文指导、毕业论文指导工作，所指导的本科毕业论文曾两次获得四川大学优秀本科论文。主持四川大学新世纪教改项目一项；曾获2013、2014年度本科教学质量奖，以及第三届四川大学“探究式一小班化”教学竞赛三等奖。

我的词汇我作主之“法语词汇书”

——兼论非标准答案考试与自主学习能力的培养

四川大学外国语学院 敖 敏

吾生也有涯，而知也无涯。语言知识如同大海一般浩瀚无边，而课堂的时间却只有区区几十个课时。并且，相对于语法知识的稳定性和系统性，词汇呈现出开放、散发、多变等特点。学生对于词汇的兴趣、需求和习得方式往往也是十分个性化的：有人喜欢文学，有人爱好时尚，还有人痴迷科学技术；有人喜欢在阅读中学习词汇，而有人则觉得抄抄写写更有效率。从教学的角度看，词汇知识讲解起来难免枯燥，并且教师的讲解也无法代替学生的习得。如何才能让学生在相对有限的时间内在词汇方面有更大的收获呢？ 我们认为非标准答案考试开启了教、学双方崭新的体验和尝试。

俗话说，兴趣是最好的老师。我们在教学中引入了翻转课堂、小组学习和非标准答案考试，将词汇场这部分内容交给学生，让他们自己选择喜爱的主题学习，并在课堂分享。这样的方式大大提高了学生的学习积极性，激发了他们主动学习的能力。同时尊重个体差异，不追求所有的人学同样的知识、达到同样的标准，而是允许同一个班、听同一门课的同学可以选择学习不同的词汇知识和内容。在此过程中同学们学会了互相交流和合作，增强了团队配合的能力。而非标准答案的考察方式与传统考试相比，可以更加灵活、动态，兼顾全面和个性化，更多地关注整个学习过程，而非单一的结果。简而言之，考试本身不是目的，而是激发学生兴趣和创造力的手段，是为了促进学生更加自主、深入地去学习。

在 2017 年春季学期的法语词汇学课程中，我们为同学们设计了如下题目：

请以小组为单位，自由选择 1~2 个主题，查询并搜集相关重要词汇， 编制词汇表，配以相关阅读材料（1~2 篇），并设计词汇练习（1~2 题），编辑电子文档。各小组将相关内容在课堂进行展示和讲解，并最终形成一本主题词汇电子书（Word 或 PDF 文档）。

同学们的表现可谓精彩纷呈。词汇主题有选花草、动物的，有选运动的，还有选电影艺术、政治文化的，等等。词汇学的课堂变得海阔天空，包罗万象。大家谈论音乐和艺术、美食与旅行；既讲述中国的历史和社会，也讨论各国的地理和政治。学习不再是被动地听和记，而是愉快地讨论和分享。如一位男生给大家分享了自己网球运动的相关知识，女同学们都听得津津有味，这样的内容，如果换作传统的课堂讲授，她们多半会觉得没兴趣，而自己同学的分享，效果就完全不一样了。此外，所有的小组作业都可以作为一份非常实用的资料供大家长期保存和使用。这样的工作也就变得更加有意义，而不是单纯地应付一次考试。

考试题目

题目：

法语主题词汇（电子书）

考试要求：

请以小组为单位，自由选择 1~2 个主题，查询并搜集相关重要词汇，编制词汇表，配以相关阅读材料（1~2 篇），并设计词汇练习（1~2 题），编辑电子文档。最后成果为主题词汇电子书（Word 或 PDF 文档）。

学生答案

学生答案:
外国语学院　龚义骁　2014141053004 / 苟子璇　2013141095026
冯烨林　2014141053003 / 刘筱寒　2014141053011

1　La musique en général

1.1　Les mots et les expressions

chanter　唱

chanteur, se/exécutant,e　歌手，演唱者

composer　作（曲）

compositeur,se　作曲者

orchestrer　编曲

arranger　改编

jouer　演奏

des paroles/textes/lyrics　歌词

parolier,ère　作词者

la mélodie　旋律

le rythme　节奏

un prélude/une exposition　前奏

une voix　嗓音

le timbre　音色

la gamme　音阶

la partition　乐谱

la portée 五线谱

le diapason 音叉；音域；调子

un album 专辑

le disque 唱片；磁盘

le vidéodisque 碟片

un hymne national 国歌

la marche 进行曲

La Marche des Volontaires 义勇军进行曲

la Marseillaise 马赛曲

L'Hymne à la joie 欢乐颂

la symphonie 交响乐

le rock 摇滚

le rap 说唱

1.2 Exercices

1.Jay Chou est le_______de Porcelaine Bleu et Blanc.

2.Ô Canada！ est l' ______ du Canada.

3. ____________ est un genre musical caractérisé par une mélodie vocale dominante，souvent accompagnée par une ou plusieurs guitares électriques，une guitare basse et une batterie；il peut également être accompagné de synthétiseurs/piano，de cuivres ou d'autres instruments.

2 La musique classique

La musique classique désigne habituellement l'ensemble de la musique occidentale savante d'origine liturgique et séculière， par opposition à la musique populaire，depuis la musique médiévale à nos jours. L'adjectif classique ne se réfère stricto sensu qu'à la musique de la période classique écrite entre le milieu du XVIIIe siècle et

l'avènement de la musique romantique dans les années 1820.

2.1 Introduction à la musique classique

Qui a inventé la musique ?

Personne et tout le monde : la musique existe en nous depuis toujours, car nous vivons au rythme des battements de notre cœur, et l'on peut penser que c'est par le rythme que l'homme a d'abord découvert la musique: Rythme du cœur reproduit en frappant des mains, puis sur un tronc d'arbre frappé par des baguettes, puis par des instruments die percussion de plus en plus élaborés.

学生答案

Et c'est probablement avec l'instrument le plus naturel qui soit，sa voix，que l'homme a découvert l'art de la mélodie.

Il est difficile de dire qui，du rythme ou de la mélodie，a précédé l'autre. En effet，les premières représentations d'instrument ne concernent pas les instruments à percussion，mais la harpe et la flûte qui sont plutôt des instruments mélodiques.

Musique des origines	古老音乐（起源）
Musique de la Grèce antique	古希腊音乐
Musique de la Rome antique	古罗马音乐
Musique médiévale	中世纪音乐
Musique de la Renaissance	文艺复兴音乐
Musique baroque	巴洛克音乐
Musique de la période classique	古典主义音乐
Musique romantique	浪漫主义音乐
Musique moderne	现代音乐
Musique postmoderne	后现代音乐
Musique contemporaine	当代音乐

2.2 Présentation d'un orchestre

Orchestre：

ensemble d'instrumentistes ou d'instruments de musique

Philharmonie：

société publique ou privée qui assure l'activité d'une ou plusieurs formations orchestrales （attachées à un lieu ou à une institution）

Maestro/Chef d'orchestre：

personne qui dirige les musiciens pour l'exécution d'une œuvre musicale

Concert：

exécution publique d'œuvres musicales par un ou plusieurs musiciens

Récital：

spectacle musical où un seul artiste se fait entendre

Répertoire：

ensemble d'œuvres interprétées habituellement （par un musicien， un acteur ou un chanteur）

Virtuose：

Un virtuose est un musicien possédant une maîtrise hors-normes de son instrument ou de sa voix

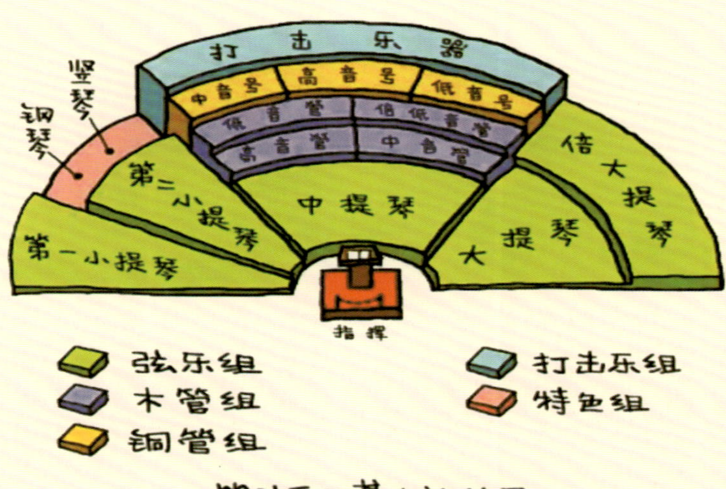

管弦乐队基本站位图

学生答案

2.3 Les instruments et les musiciens

Les cordes 弦乐器

Alto	中提琴
Altiste	中提琴手
Clavecin	羽管键琴
Claveciniste	羽管键琴手
Clavicorde	古钢琴
Contrebasse	低音提琴（倍大提琴）
Contrebassiste	低音提琴手
Guitare classique	古典吉他
Guitariste	吉他手
Harpe	竖琴
Harpiste	竖琴手
Luth	诗琴
Luthiste	诗琴手
Mandoline	曼陀林
Mandoliniste	曼陀林手
Piano	钢琴
Pianiste	钢琴家
Violon	小提琴
Violoniste	小提琴手
Violoncelle	大提琴
Violoncelliste	大提琴手

Les bois 木管乐器

Basson	大管（巴松管）
Bassoniste	巴松手
Piccolo	短笛
Flûte	长笛
Flûtiste	长笛手
Clarinette	单簧管
Clarinettiste	单簧管手
Hautbois	双簧管
Hautboïste	双簧管手
Contrebasson	低音巴松管
Contrebassoniste	低音巴松手
Cor anglais	英国管
Saxophone	萨克斯
Saxophonis	萨克斯手

Les cuivres 铜管乐器

Cor d'harmonie	（圆号）法国号	Trombone	长号
Cor	法国号手	Troboniste	长号手
Euphonium	次中音号	Trompette	小号
Saxhorn	萨克号	Trompettiste	小号手
Saxtuba	萨克大号	Tuba	大号
Cornet à pistons	短号		

Les percussions 打击乐器

Tambour à corde （Lion's Roar）	鼓	Tambourin	铃鼓
Tambourineur	鼓手	Triangle	三角铁

2.4 Les formes musicales

Solo:

jouant seul la musique

Duo:

composition musicale pour deux instruments ou deux chanteurs

Trio:

œuvre musicale composée pour trois instruments ou trois voix

Quatuor:

œuvre musicale écrite pour quatre instruments ou quatre voix d'importance égale

学生答案

Quintette：

pièce musicale écrite pour cinq parties vocales ou instrumentales

Sextuor：

œuvre musicale pour voix ou instruments qui doit être exécutée par six musiciens

2.5 Les compositions musicales

Symphonie（交响曲）：

composition musicale comportant classiquement plusieurs mouvements et utilisant un grand orchestre d'instruments à cordes souvent augmenté d'instruments à vent et de percussions

Concerto（协奏曲）：

composition musicale pour un orchestre et un ou plusieurs solistes

Suite（组曲）：

Une suite， en musique， est un ensemble ordonné de pièces instrumentales ou orchestrales jouées en concert plutôt qu'en accompagnement

Prélude（序曲）：

composition musicale indépendante， généralement pour piano

Poème symphonique（交响诗）：

Un poème symphonique est un genre musical destinéà un orchestre symphonique（éventuellement avec chœurs ou voix soliste），sur un sujet littéraire， philosophique， pictural ou descriptif

Sonate（奏鸣曲）：

œuvre musicale en plusieurs mouvements alternativement lents et rapides， écrite pour un instrument soliste ou pour deux instruments

Variation（变奏曲）：

En musique， la variation est une façon de produire des notes de multiples phrases musicales comme la Moldau par des modifications apportées à un « thème »

Rondo（回旋曲）:

forme musicale dans laquelle un thème principal récurrent alterne avec des thèmes opposé

Nocturne（夜曲）:

morceau de piano aux accents mélancoliques， dans la musique romantique du XIXe siècle

Scherzo（谐谑曲）:

le scherzo， d'origine italienne， est une composition musicale de caractère plaisant ou divertissant

Fantaisia（幻想曲）:

Fantasia est le mot italien pour « fantaisie »， forme musicale

Impromptu（即兴曲）:

pièce littéraire ou musicale de structure simple qui peut faire l'effet d'une improvisation

Valse（圆舞曲）:

musique de valse

Polonaise（波兰舞曲）:

composition musicale caractérisée par une mesure à trois-quatre et un mouvement modéré

Barcarolle（船歌）:

pièce musicale à rythme balancéévoquant le mouvement de la barque

Mazurka（玛祖卡）:

composition musicale à trois temps inspirée d'une danse polonaise

Berceuse（摇篮曲）:

pièce de musique dont le rythme est simple et régulier

学生答案

Etude（练习曲）：

composition musicale écrite sous forme d'exercice pour l'exécutant

Ballade（叙事曲）：

composition vocale ou instrumentale qui illustre le sujet d'un poème

3 Le Hip-hop

3.1 Présentation du hip-hop

Le hip-hop， musique rap ou musique hip-hop est un genre musical caractérisé par un rythme accompagné de rap et de chants. Le genre se développe en tant que mouvement culturel et artistique apparu aux États-Unis à New York， dans le South Bronx au début des années 1970. Originaire des ghettos noirs et latinos de New York， il se répandra rapidement dans l'ensemble du pays puis au monde entier au point de devenir une culture urbaine importante. La culture hip-hop connaît plusieurs disciplines： le rap （ou MCing）， le DJing， le break dancing （ou b-boying）， le graffiti， le beatboxing. Ces disciplines， apparues avant le hip-hop， seront

intégrées dès la naissance du mouvement. C'est néanmoins par son expression musicale qu'il est le plus connu et, de ce fait, souvent réduit à celle-ci.

3.2 Lecture

3.2.1 Les thèmes du rap

En 1982, le morceau The Message de Grandmaster Flash15 confirme l'importance du rap et de ses thèmes dans le paysage musical. Ses textes, parfois très virulents contre les symboles du pouvoir, la police ou la justice, ont stigmatisé le rap pour une partie de la population. Pour David O'Neill, le succès de The Message favorise en France une conception politisée du rap contrairement à des racines américaines plus hédonistes. Les critiques violentes sont en fait assez minoritaires et l'aspect contestataire se limite le plus souvent à une dénonciation qui passe par les descriptions des problèmes sociaux tels que les bavures policières, le racisme, la pauvreté, le chômage, et l'exclusion.

Les thématiques récurrentes, notamment dans le gangsta rap, se retrouvent autour des produits de consommation et des symboles du pouvoir, ainsi que des femmes, des voitures de luxe ou des armes à feu. Les rappeurs jouent sur ces fantasmes et se construisent des personnages en général sans lien avec leur vraie personnalité et leur quotidien réel. Des critiques ont été faites contre ces textes qualifiés de sexistes, matérialistes ou prônant la violence, par des hommes politiques et par une partie du milieu rap.

Les religions （les trois monothéismes abrahamiques dont l'influence de l'islam dans la zulu nation ainsi que le déisme, parfois l'animisme et les kamites） comme les autres positions philosophiques （l'agnosticisme ou l'athéisme） sont également présentes dans le rap américain ou francophone.

学生答案

3.2.2 Le flow

Le flow désigne le « rythme et les rimes » des paroles d'une chanson hip-hop. Une même phrase peut être rappée d'un nombre infini de manières. Le flow peut se concentrer sur le rythme， se rapprocher de la parole ou plus rarement d'une mélodie. La mode actuelle en ce qui concerne les flows est de « surprendre » l'oreille de l'auditeur en utilisant des rythmes ternaires， dansants et changeants. Les rappeurs américains utilisent ce genre de procédés pour garder l'attention de l'auditeur même si celui-ci ne comprend pas les paroles， et ce dans le but de se vendre internationalement. Cependant， des artistes， comme Sinik en France（qui y remédiera dans la chanson Adrénaline）， possèdent un flow strictement linéaire （lorsque le rappeur place systématiquement le même nombre de syllabes， souvent 4， par pulsation， ce qui est perçu comme étant répétitif et monotone）. Le flow dépend aussi de la voix et des intonations du rappeur. Les procédés poétiques classiques tels les allitérations， métaphores et assonances sont utilisées massivement. La paronomase est la figure de rhétorique reine du rap. L'argot est souvent utilis.

教师点评

《音乐和体育》这个作品从内容来看比较充实和完整，编排有序，配图生动，可以说是一份人人都愿保存的词汇资料。如果排版更整洁美观一点、练习更丰富一些，就更完美了。

综合西班牙语 - 4

课程号：105311080

课程简介

这门课程有 8 个学分，是西语专业学生最重要的一门专业课。从二年级下期开始，课文中陆续引入一些文化知识，在增加授课趣味性的同时，也扩展了学生的课外知识，丰富了他们的知识体系。在正式授课之前，我会将学生分为几个小组，让他们查询背景知识，把查到的内容提取重点，做成 PPT，在课堂上用 3~5 分钟的时间进行讲解；最后我会根据学生制作的 PPT 和讲解技巧进行打分，计入平时考核成绩（课程最终成绩为：平时成绩的 50% ＋期末成绩的 50%）。

徐　杨／四川大学外国语学院

徐杨，四川大学外国语学院西班牙语系讲师，主要讲授该系“综合西班牙语”“西班牙语文学”“汉西笔译口译”等课程。

探索教改　我们在前行

四川大学外国语学院　徐　杨

“师者，传道、授业、解惑也！”在当下的教育体系中最终检验师道成果的就是考试。窃以为，考试之于学生和老师的意义，均在于“以考促学”；这也是我国历史上第一个在全国推行的学制——1904 年正式颁布的《奏定学堂章程》中贯穿的考试理念之一。但时光荏苒，万事万物都与时俱进。作为高校的外语教研考试体系也逐渐显出很多不足与弊端。

四川大学外国语学院西班牙语期末考试分为两个部分：一是针对西语专业学生的必修和选修课考试，二是针对英语专业学生的第二外语必修课考试。考试形式比较单一，以闭卷考试为主，以书面形式进行；题型设计也不够灵活，主要是填空、翻译、判断正误和写作等形式。这类考试对学生的语言运用和交际能力考查得很少，造成学生应试能力强而实际运用起来却差强人意；同时导致学生觉得学习单调，进入以考为学的误区，令考试功利化的情绪蔓延。这样一来，让很多学生厌烦考试而又害怕考试，制约了学生学习的主动性和社会实践能力。

当下宏观的“一路一带”大局，微观到互联网、App 如影随形，影响每一个人的方方面面。复合型、实践型人才越来越重要，以往闭门造车的书呆子已无法成为时代的弄潮儿。

考试改革不应该只是针对每一次考试，还要渗透到教学、平时考核、备课等一系列教授链条相关的地方。如何运用最先进、公平、公正的办法提高本科教学的质量和成果，我们正在积极探索。

考试在以前只是对一段时间、某些限定知识的考核。但这样就变成呆板、被动的学习。应该设置对学生学习主动性、互动性、参与性、创意性各个方面的考核，让他们学会思考问题的方式，摆正探究问题的态度，才是正确的学习之道。

所以建议在教学中大胆引入“反学习”概念。什么意思？就是可以质疑，可以提出大胆假设，但要有自己的考据理论。标准答案意味着唯一，这就在很大程度上扼杀了创意和个性，这也是现在教育的一个主要弊端。

“兴趣是最好的老师！”我在教学西班牙语过程中由衷地感到这一点。语言是立体的、生动的、富有人性的。我虽然在教学，但一直以一个初学者的视角审视自我，除却单词、语法、听力、写作这些单纯的知识的掌握，我努力让自己多汲取西班牙及南美文化、历史。己所不欲，勿施于人。己所欲，也要慎施于人。只有自己永远饱满得像一块海绵，吸收广博的知识，才能把这种愿想、激情薪火相传，让莘莘学子爱学、善学、学好、学以致用。

考试题目

题目：

¿Conoces algo sobre otros aspectos del antiguo Egipto ?

（你还知道古埃及文明的其他方面吗？）

学生答案

学生答案：

外国语学院　梁家欣　2015141054006

Antiguo Egipto

- **Las cuatro grandes civilizaciones antiguas**
- **La antigua Babilonia（3500a.C.-729a.C.）**
- **El antiguo Egipto（5100a.C.-30a.C.）**
- **La antigua India（2300a.C.-1750a.C.）**
- **China（5000a.C.~）**

①

① 图片来源 https：//zhidao.baidu.com/question/415431278.html

学生答案

● La geografía

El territorio que ocupaba Egipto en la antigüedad estaba constituido por el delta del Nilo y una estrecha y larga franja correspondiente al valle del río Nilo, en el noreste de África. Este río nace en los lagos Victoria, Alberto y Tana y desemboca en forma de delta en el mar Mediterráneo. Tan solo 60 kilómetros de ancho y 1200 kilómetros de largo constituían este valle de tierras fértiles rodeado en gran parte por el desierto del Sáhara.

● La historia

· Periodos de la historia de Egipto[②]

Periodo predinástico （c. 5500 -3100 a. C.） 前王朝时期

Periodo Arcaico （c. 3100-2686 a. C.） 早王朝时期

Imperio Antiguo （c. 2686-2181a. C.） 古王国时期

Primer Periodo Intermedio （c. 2181-2040 a. C.） 第一中间期

Imperio Medio （c. 2040-1780 a. C.） 中王国时期

---

① 图片来源 https：//es.wikipedia.org/wiki/Antiguo_Egipto#/media/File：Ancient_Egypt_old_and_middle_kingdom-es.svg

② https：//es.wikipedia.org/wiki/Antiguo_Egipto

Segundo Periodo Intermedio （c. 1780-1553 a. C.） 第二中间期

Imperio Nuevo （c. 1553-1085 a. C.） 新王国时期

Tercer Periodo Intermedio （c. 1085-712 a. C.） 第三中间期

Periodo Tardío （c. 712-332 a. C.） 古埃及后期

· **En comparación con la historia de China**

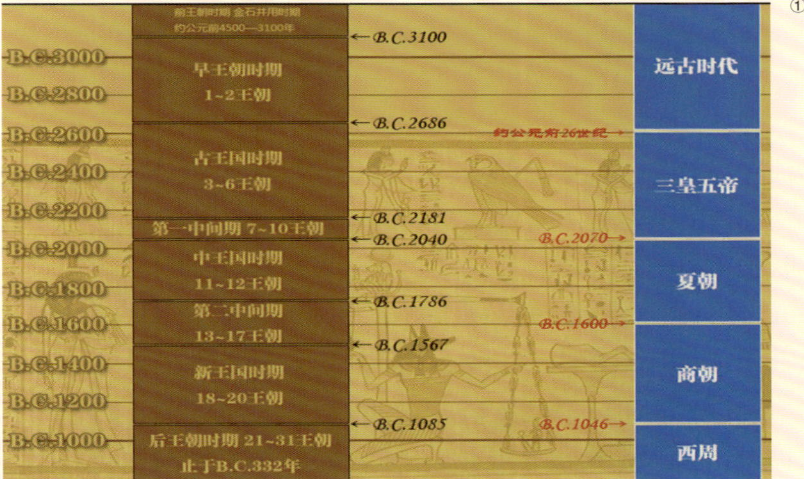

①

● El faraón[②]

——la denominación bíblica dada al rey del Antiguo Egipto.

El faraón es el soberano del Antiguo Egipto.Sin embargo eate título， con su término egipcio ， "casa grande"， sólo debería utilizarse en puridad， cuando Egipto llegó a serlo de verdad， extendiendo su poder más allá de su territorio original， que

① 图片来源 https：//baike.baidu.com/item/%E5%8F%A4%E5%9F%83%E5%8F%8A/22677 1？ fr=aladdin

② https：//es.wikipedia.org/wiki/Fara%C3%B3n

se produjo solamente a partir del Imperio Nuevo， más específicamente， a mediados de la Dinastía XVIII.Sea como sea，generalmente Narmer se consideró el primer faraón，y Cleopatra VII，la última.

Los faraones fueron considerados seres casi divinos durante las primeras dinastías y eran identificados con el dios Horus. A partir de la dinastía V también eran «hijos del dios Ra».

Los siguientes eran los faraones más famosos a lo largo de la historia del Antiguo Egipto.

· **Narmer**

①

Narmer fue el unificador de Egipto y también fue el fundador de la dinastía I.Por eso，tenía un gran peso en la historia de Egipto.Generalmente，se considera como el primer faraón del país.

Según los historiadores y la famosa paleta de Narmer，él unificó el Alto Egipto y el Bajo porque en la paleta se mostran las insignias de los dos reinos.Y es posible que Narmer haya atacado a los otros pueblos después de establecer la capital en Menfis.

La dominación de Narmer durú 62 años.Pero por desgracia，se dice que murió de la ataque de un hipopótamo.

· **Tutankamón**

Tutankamón fue un faraón de la dinastía XVIII，y su nombre original es Tut-anj-

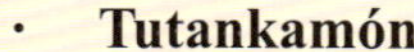

① 图片来源 https：//baike.baidu.com/item/%E7%BE%8E%E5%B0%BC%E6%96%AF/1369064？ fr=aladdin

Atón que significaba la imagen viva de Atón. Tutankamón murió a la edad de 19 y no hizo mucha contribuciones al reino, pero fue uno de los faraones más famosos porque el descubrimiento de su tumba fue la cumbre de la arqueología de Egipto.

①

En su tumba se descubrió la máscara de oro de Tutankamón que tenía fama internacional y ahora está guardada en el Museo Nacional de Egipto.Además de eso, la maldición de Tutankamón también le hizo famoso.Se dice que cualquiera que hubiera entrado en la tumba, moriría pronto. La causa concreta de esa maldición todavía no se sabe, pero la mayoría de los científicos insiste que hay un tipo de gas tóxico en la tumba.

- **Ramsés II**

Quizá que Ramsés II es el faraón más famoso del Antiguo Egipto tanto por sus hazañas como por su amor dulce con la reina Nefertari.

Ramsés II fue el tercer faraón de la Dinastía XIX de Egipto, que gobernó unos 66 años, desde 1279 a. C. hasta 1213 a. C.Fue un rey guerrero.Durante los cinco primeros años de su reinado llevó a cabo cinco acciones militares.Durante su reinado Egipto conoció su época de mayor esplendor, gracias a la prosperidad económica que favoreció el desarrollo de la literatura y las ciencias, y que le permitió erigir

① 图片来源 https：//es.wikipedia.org/wiki/Tutankam%C3%B3n

学生答案

①

grandes construcciones.El rey trasladó la capital a Avaris, y estableció muchos monumentos entre los cuales se destacó el Templo de Abu Simbel.

Su amor, Nefertari no fue sólo una esposa y la madre de los hijos del faraón, sino que tomó un papel muy activo en las conversaciones con los hititas, y sus cartas con la emperatriz Putuhepa sentaron las bases del proceso de paz. En la lápida sepulcral de Nefertari, Ramsés II escribió sus palabras de amor: Mi amor es único porque eres la mujer más bonita del mundo.Nadie te reemplaza.Pasando por mi lado, te llevas mi corazón.

- **Cleopatra VII**

Cleopatra Filopátor Nea Thea o Cleopatra VII fue la última reina del Antiguo Egipto y de la dinastía ptolemaica, también llamada Lágida, fundada por Ptolomeo I Sóter, un general de Alejandro Magno. Fue la última del llamado periodo helenístico de Egipto.

Cleopatra era probablemente hija de Cleopatra V Trifena y Ptolomeo XII Auletes, de quien heredó el trono en el año 51 a. C., cuando tenía 17 años, junto con su hermano Ptolomeo XIII, de solo 12, quien sería además su esposo. A Cleopatra se le ha atribuido una belleza excepcional.Toda su vida se enrolló con Julio César y Marco Antonio.Hizo todo pero no logró impedir el hundimiento del reino.

Después de la muerte de los faraones, se conservaban en la forma de momia.

La momificación en el Antiguo Egipto es el proceso por el que se impedía a un

---

① 图片来源 http://www.dayinhu.com/model/19044.html

cadáver que llegase a su putrefacción natural, se inscribía en un complejo ritual funerario egipcio establecido para asegurar la conservación de su cuerpo material y poder así unirse con su "alma" en el Más Allá y proseguir allí con su vida.

Los antiguos egipcios creían que la muerte representaba la separación entre el cuerpo y el alma, el ba que se corresponde con el alma y el ka, que representa la energía vital. Era necesario que el ba y el ka, el despertar de su nueva vida, pudiesen reintegrarse al cuerpo, previamente conservado. La momificación tenía como principal objetivo el purificar y volver divino al cuerpo que se convertiría en un Osiris o una imitación suya.

Los pasos de la momificación son los siguientes:

1.Limpiar y perfumar por fuera el cadáver.

2.Se extraían los órganos y se guardaban en unos vasos llamados vasos canopos.

3.Se rellenaba el vientre con mirra.

4.El cuerpo era sumergido en natrón 70 días.

5.Se secaba bien y se rellenaba con mirra.

6.El cadáver se envolvía con vendas entre las que se colocaban amuletos y una sustancia especial llamada mum.

7.Finalmente los guardaban en uno o tres sarcófagos uno dentro del otro.

El Valle de los Reyes es una necrópolis del antiguo Egipto, en las cercanías de

① 图片来源 https://baike.baidu.com/item/%E5%85%8B%E5%88%A9%E5%A5%A5%E5%B8%95%E7%89%B9%E6%8B%89%E4%B8%83%E4%B8%96/3412266

学生答案

Luxor， donde se encuentran las tumbas de la mayoría de faraones del Imperio Nuevo （dinastías XVIII， XIX y XX）， así como de varias reinas， príncipes， nobles e incluso de algunos animales.

- **éxito**

· **Jeroglíficos egipcios**①

Los jeroglíficos fueron un sistema de escritura inventado por los antiguos egipcios. Fue utilizado desde la época predinástica hasta el siglo IV. Los antiguos egipcios usaron tres tipos básicos de escritura： jeroglífica， hierática y demótica； esta última corresponde al Periodo tardío de Egipto.

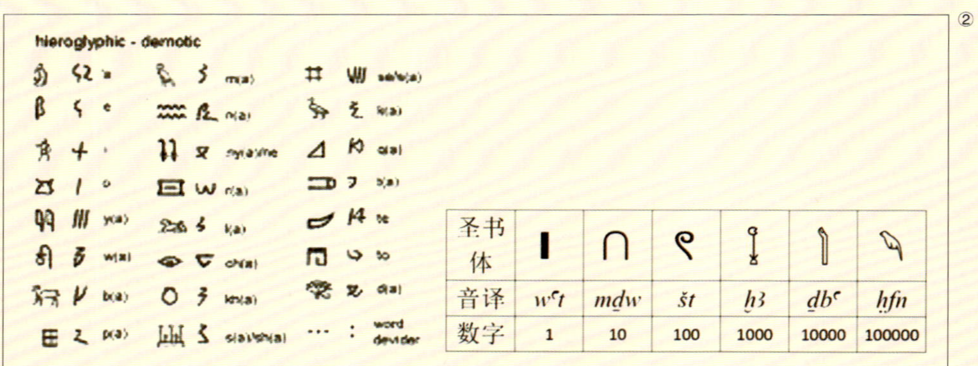

圣书体						
音译	wʿt	mḏw	št	ḫ3	ḏbʿ	ḥfn
数字	1	10	100	1000	10000	100000

②

· **Faro de Alejandría**③

El Faro de Alejandría fue una torre construida en el siglo III a. C. （entre los años 285 y 247 a. C.） en la isla de Faro en Alejandría， Egipto， para servir como punto de

① https：//es.wikipedia.org/wiki/Jerogl%C3%ADficos_egipcios

② 图片来源 https：//baike.baidu.com/item/%E5%8F%A4%E5%9F%83%E5%8F%8A/226771？ fr=aladdin#6_2

③ https：//es.wikipedia.org/wiki/Faro_de_Alejandr%C3%ADa

①

referencia del puerto y como faro. Con una altura estimada entre 115 y 150 metros. Fue una de las estructuras hechas por el hombre más altas durante muchos siglos， y fue identificada como una de las Siete maravillas del mundo por Antípatro de Sidón. Sería derribado por los efectos de un terremoto a principios del siglo XIV.

- **El Templo de Abu Simbel** ②

③

El Templo de Abu Simbel fue construido bajo el mandato del tercer faraón egipcio de la Dinastía XIX Ramsés II. Está considerado como uno de los más célebres de todo Egipto.l templo está situado al sur de Egipto， a unos 300 kilómetros de la ciudad de Asuány también a lado de luxor.

① 图片来源 http：//u.360.cn/gl/article/69277/

② https：//es.wikipedia.org/wiki/Templo_de_Rams%C3%A9s_II_（Abu_Simbel）

③ 图片来源 http：//www.0755cits.cn

学生答案

- **Películas**

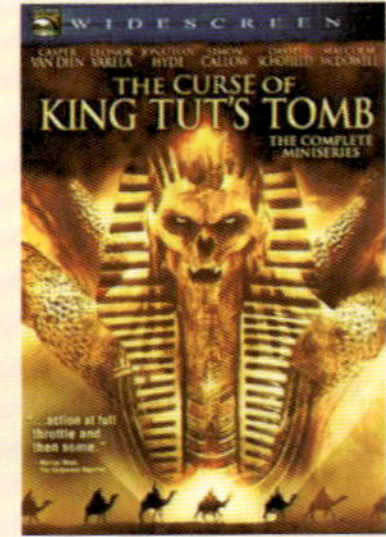

- **Literatura**

· **Éxodo**

 ①

El Éxodo es el segundo libro de la Biblia. Se trata de un texto tradicional que narra la esclavitud de los hebreos en el antiguo Egipto y su liberación a través de Moisés， quien los condujo hacia la Tierra prometida.

- **Exhibición**

展览名称：古埃及：法老与神的世界②

展览时间：2017-01-23/2017-05-04

开幕时间：2017-01-23 14：00

展览城市：四川 - 成都

展览地点：金沙遗址博物馆

主办单位：成都金沙遗址博物馆 加拿大皇家安大略博物馆（ROM）特别支持

① 图片来源 https：//baike.baidu.com/item/%E5%87%BA%E5%9F%83%E5%8F%8A%E8%AE%B0/17118

② http：//www.jinshasitemuseum.com/

教师点评

这份学生答卷算是上学期非常成功的一份课前作业。首先，答卷的讲解内容有层次，逻辑思维很强。该学生不仅查阅了埃及文明（附带全球四大古文明都有提及），且联系了文字、历史、电影及文学等的相关知识。其次，该学生答卷时注意了中西对照，同时积累了专有名词。再次，这位学生讲解技巧高超，5 分钟的讲解给全班同学留下了深刻印象，让其他同学和我都认识了传说中最痴情的法老和世界上最早的情诗。最后，她还特别联系了地方特色，给我们种草了金沙遗址博物馆的埃及文物展。课后很多同学和我受到感召，去实地参观，还购买了书签作纪念（见答卷中的照片）。

博物馆学概论

课程号：106006030

课程简介

教学目的：从社会发展的角度，将博物馆置于社会历史发展背景中，让学生了解作为社会文化事业机构的博物馆，了解博物馆事业发展规律，认识当代博物馆工作的特点，了解博物馆实现其社会职能、参与社会发展和为社会服务的途径和方法，了解博物馆工作者的社会责任和必须遵守的职业道德。

教学要求：要求学生通过学习，掌握博物馆学的基本理论和方法，了解博物馆与社会发展的互动关系，熟悉博物馆业务流程和工作方法，初步具备探索博物馆课题的能力。

周　静／四川大学历史文化学院（旅游学院）

四川大学博物馆副馆长，历史文化学院（旅游学院）副教授，博物馆学教研室主任；“三位一体：新形势下考古学及博物馆学人才培养模式的新探索”获2013 年度四川省优秀教学成果一等奖；“实践为核、三维突破：构建文物与博物馆学专业人才培养新体系”获 2016 年度四川大学教学成果一等奖。

非标准答案考试，让科学与艺术深度融合

四川大学历史文化学院（旅游学院） 周 静

博物馆就像一棵大树，立足在今天，植根于传统，荫庇着未来。它们收集发展物证，保存集体记忆，讲述源流故事，凝聚价值共识，策动未来创新。参观博物馆已逐渐成为我们的一种生活方式，不管是离开校园后的修养提升，抑或是都市社交中的时尚选择，甚至是闲暇时光里的自我放逐，展览就是那个供我们学习、观想、讨论、沉浸、回味……的载体。

展览作为博物馆最重要的文化产品，它要求在特定空间内以文物标本和学术研究成果为基础，以艺术的或技术的展品为辅助，依据特定传播或教育目的，使用特殊的诠释方法和学习次序，按照一定的展览主题、结构、内容和艺术形式组成，进

行观点和思想、知识和信息、价值与感觉的传播。展览是一种直观生动的陈列艺术形象序列，是科学与艺术高度融合的产物。展览的实施一般需要经过总体设计、内容文本撰写、形式设计与施工制作等环节，总体设计是对展览的宏观把握，以文物标本汇聚的信息、展览空间的大小和性格、展览经费的规模、目标人群的特点为客观条件，确定展览的选题、立意、展品组合、形式风格，以此为基础写成内容文本。前两个环节，就是我们要训练学生掌握的重要专业技能。

文物标本的年代、名称、质地、功用、工艺、纹饰等知识点以及相关的学术研究成果是保证展览科学性的基础，科学性的内容是有限的，但是选择甚至是创造性地设计一种特殊的诠释方法和内容结构却有着无限的空间。因此就博物馆学概论课程的培养目标来说，选择一个展览策划任务，明确科学性的原则，放飞艺术性的可能，是最能体现学生学习效果的方式，这样的考核，没有标准答案。

虽然没有标准答案，但是对学生掌握一门学科专业技能的考核还是应该设计相对客观的、统一的评判原则。展览内容文本作为形式设计环节的“指挥棒”，要把展览中文物标本、图文版面、辅助艺术品、新媒体科技装置等纷繁复杂的展示媒介清晰地组织起来，其体例格式有着不同于一般社会科学研究文本的特点。对学生完成的内容策划方案，本次教改主要拟订了以下四条原则加以评判：

第一，掌握博物馆学基础理论，了解博物馆展览的传播特性和展示媒介；

第二，熟悉博物馆展览总体策划的关联因素，能对展览准确定位；

第三，掌握展览内容文本的写作规范，结构完整、层次清晰、观点科学、文笔流畅；

第四，能够在策展中广泛阅读相关文献、搜集适当展品，展览主题有创意，表现形式有新意。

一流大学对人才的培养，同样需要将科学与艺术深度融合，非标准答案的考试改革就是其中最重要的举措。考试是寻求学生学习效果反馈的一种方式，标准答案的考试方式只能反映学生死记硬背的效果，在信息储存、检索与传播技术飞速发展，甚至已经出现能够自我学习的智能机器人的今天，艺术维度内的创造力和想象力对一流人才来说，不可或缺。

考试题目

题目：

四川大学博物馆自选专题改陈策划

试题说明：

西南地区建立最早，已有百年历史的四川大学博物馆拥有丰富的藏品，自2005年搬迁到望江校区东门后，开设有考古学、民俗学、民族学、石刻艺术、书画、陶瓷、服饰共7个专题展厅。其基本陈列迄今已开展了十余年，请实地考察并自选其中一个专题制作一份改陈策划方案。

学生答案

学生答案：

历史文化学院（旅游学院）　李玥彤　2016141061055

川民川情
——四川大学博物馆民俗学陈列馆改陈方案

方案图例说明

1. 展品标识类

◎三维展品

○二维展品

待征集展品（或方案规划复制品、模型）

2. 展览、设计类

※ 灯光说明、灯具布局

@ 多媒体设备

3. 方案文字说明类

▲创新设计（展览方式）

■解说文字（展牌文字说明）

学生答案

一、馆况概述

民俗学陈列馆位于四川大学博物馆一层，馆内平面大致成“L”形。馆内当前展陈设计由婚、艺、书、影四个主题相合而成，展品来源年代主要为清末、民国时期，入藏时间主要为民国二三十年代，来源地域集中于川西地区，种类以蜀绣、服饰、竹木雕制品、民居窗格、婚轿、各式笺及皮影精品等为主，展陈具有突出的地域特色和民间风情。

……

二、陈列馆平面示意图

（一）楼层布局示意图（馆内展板拍摄）

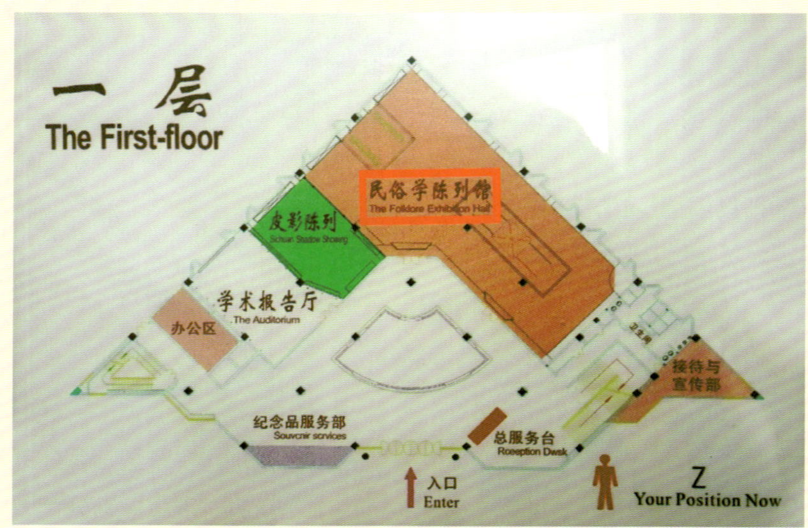

注：图中红色边框标注区域为民俗学陈列馆所在区域

（二）馆内当前布局分区示意图（策展人绘制）

上图依照馆内当前布局设计简略绘制，主要体现“婚、艺、书、影”四大主题在馆内的区域划分情况：

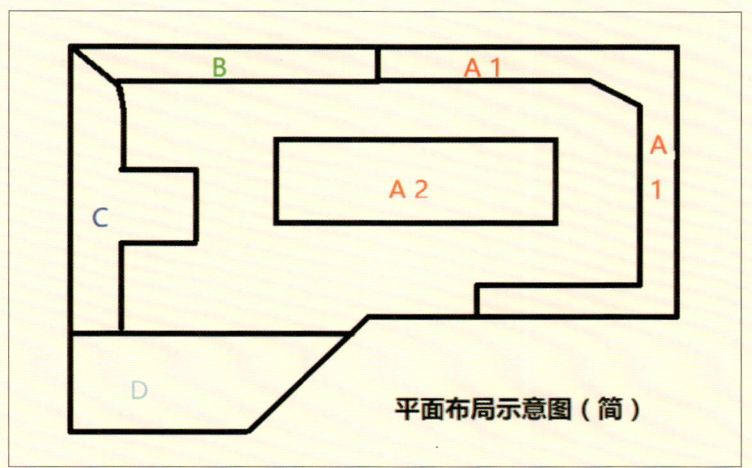

平面布局示意图（简）

A1：婚（主题展品）

A2：婚（清末民国时期花轿）

B：艺

C：书

D：影（该主题独立分区）

三、改陈工作概述

（一）主题说明——“川民川情”

民俗，即民间的习俗，是民众生活方式的总称。民俗学陈列馆旨在通过博物馆展览的形式，展现地区特色民间风情。四川大学博物馆民俗学陈列馆现有展品主要来源于川西地区，故应明确民俗馆自身定位、突出民俗馆“川”地特色，以较为丰富的视角展现川西地区质朴可爱的民间风情，以大众视角展现地区历史变迁情况，致敬传统手工匠人，弘扬优秀中华民俗文化。

“民”即民众、民间，高度概括了陈列馆的展陈主题，亦体现了陈列馆以人为本的核心理念，全体展陈设计均围绕“民”的主题展开；“情”即“民”之情，

学生答案

既指馆内展品展现川西地区特色的民间风“情”，又代表着陈列馆通过展品与展览设计与参观者共同重温清末民间的川西“民情”。

故暂定改陈主题为“川民川情”。

（二）改陈主要方式

主要采用“硬改造”与“软改造”相结合、硬件设施调整与展馆文化设计相结合的改陈方式；主要立足馆内现有展品进行展览形式创新、展陈布局优化，在提升展览效果的目标引领下，尽可能节约改陈成本、高效利用改陈资金。改陈工作在民俗馆现有设计之优势特点的基础上，主要改进展厅灯光、展品布局等诸方面现存问题，为广大观众提供更好的参观环境，丰富参观体验。

（三）改陈主要思路

（1）保护与展示展品相结合。

（2）以展品为基，以观众为本。

（3）展陈方式精细化、多样化。

（4）增补观众互动参与体验区。

（5）创新“视听结合”的展览方式。

四、改陈具体方案

▲“视听结合”——聆听川西民歌，多感官互动体验

在展馆内墙角（上、下）处间隔适当距离安装立体声环绕小音箱（实例见下图绿色五角星示意处），馆内择选具有代表性的川西地区民间音乐作为陈列馆参观背景乐，如川西平原胡年锣鼓等，循环播放，音量控制在三十至四十分贝之间，营造温馨祥和的参展氛围，调动观众听觉、视觉感官，更好地体验安逸舒适的民间生活环境；同时，潜移默化地将川西地区特色民歌融入川西民俗风情展示中，提供更为广阔、全面的历史视角，更大程度上还原民间生活原貌。

学生答案

§1 喜·婚

单元说明

桃之夭夭，灼灼其华。之子于归，宜其室家。

婚俗是指结婚的风俗，各民族、各地区人民按照自己的习俗，举行各具特色的婚礼，具有各自浓厚的民族独特风采。婚嫁风俗也最能表现各民族、各地区民间生活的特色。川西地区婚俗亦不例外，能够出色地展现川西民间生活特色，且婚俗展区以红色（正红色辅以金黄色、草绿色）为主色调，视觉冲击力较强。原“婚”俗展区大致位于展馆入口右侧，作为入馆后首先参观的部分，能够很好地吸引观众继续参观，调动观众的参观热情与兴趣。

原婚俗展区主要分为A1（展品区）、A2（婚轿区）两部分，本方案中沿用馆内原设的展区位置，依照展品门类（木雕民间窗格、婚轿、其他婚嫁物品）分为匠心木居、十里红妆、春花洋轿进行改陈设计。

1.1 匠心木居（A1）

▲民间绘画与木雕窗格结合展览

可在固定木雕民间窗格的墙面位置张贴川西地区民间绘画作品（如年画等），也可为展现民居内景的绘画、摄影作品，让观众透过窗格仿佛真正走入川西民居，眼见房屋内布局、民间生活形态，深切感受、深入了解川西地区民居内景及生活样貌。

◎**展品清单**

序号	展品名称	年代	展示星级
1	清什锦嵌花小窗	清	★★★
2	清回纹如意雕花窗格	清	★★★
3	清冰裂纹圆光瑞兽人物图窗格	清	★★★
4	清灯笼框什锦嵌花槅扇	清	★★★
5	清冰裂纹窗格	清	★★★

待征集展品：

川西地区民间艺术绘画、特色民居内景摄影作品。

※ 灯光：

主要应用背光设计，勾勒窗格边缘线条，突出窗格木雕纹路、花纹样式，丰富立体感。

灯具：

主要应用红色牛皮灯烘托艺术效果（见下图左上方馆内原有灯具效果），背光效果使用较暗的 LED 节能灯泡或白炽灯供能。

■解说文字：

窗格的缘起与建筑有着密不可分的关系，是一种象征人们心中幸福光明、趋吉避凶的吉祥建筑装饰。古代的门窗一般采用楠木、柏木等上好木料精雕而成，

学生答案

历经上百年不变形，经过长年使用，反而更加油亮。窗格在雕刻手法上也颇为繁复，窗、隔断每个部件都饰以不同的图案，寓意丰富、祈求吉祥。

本馆内民间窗格主要为清代木雕窗格，嵌花、瑞兽、人物等样式丰富、纹路多样，具有较佳观赏效果和美感。

1.2 十里红妆（A1）

◎**展品清单（三维展品）**

序号	展品名称	年代	展示星级	备注
1	新娘装（人体模型）		★★★★★	
2	青花熏灯		★★★	
3	“龙璬”琴（款字：“龙璬”“飞龙九五 敷詠天渊”“大璬大夏 号哉圣贤”）	宋	★★★★★	民国成都著名藏琴家裴铁侠旧藏
4	青花喜字瓶		★★★	
5	青花喜字罐（2只）		★★★	
6	掐丝珐琅婚台（2只）		★★★	
7	多格漆提盒		★★★	
8	剔红花瓶		★★★	
9	喜帖漆盒		★★★	
10	云花纹描金黑漆盖碗		★★★	
11	雕漆盒		★★★	
12	花鸟纹嵌锣钿黑漆帽筒		★★★	
13	园林人物图剔红挂屏		★★★	
14	花卉仕女纹描漆单层奁		★★★	
15	乾隆描金黑漆捧盒	清	★★★	
16	花鸟纹嵌锣钿朱漆圆盒		★★★	
17	瓜棱形描金漆盒		★★★	
18	龙凤纹识文描金黑漆百宝箱		★★★	

〇**展品清单（二维展品）**

序号	展品名称	年代	展示星级
1	《闹新房》民间绘画		★★★
2	光绪蜀绣富贵红凤纱缎布	清	★★★
3	红色绸缎民间生活情景画		★★★

※ 灯光：

主要应用顶光、顶侧光设计，塑造平和、沉稳的光线氛围，完整呈现展品造型样式；五星展品采用顶光设计，光度较一般展品更为明亮，突出体现重要展品器型，展现其物件特色。

灯具：

主要应用小射灯，灯泡采用 LED 节能灯泡供能，LED 灯自身具有寿命长、同等光度耗能更少等技术优势，环保、质优可靠。

■解说文字：

中国古代，婚姻乃人生大事，遵循严格的规范，延至清代，具体的行聘订婚议程仍未超出“六礼”范畴。清代四川老百姓的婚嫁也需遵循父母之命，媒妁之言。仪礼的大致程序是：一，议婚——说人户、看人户、合八字；二，订婚——下定、择期、报期；三，结婚——送嫁妆、花夜、迎亲、拜天地、闹洞房；四，婚后礼仪——上拜、入厨、回门、归宁、认亲戚。婚期多选农闲岁尾、秋收冬藏以后。

川人嫁女必有陪嫁。女家妆奁虽丰俭不同，仍力求周备。稍有钱人家，则凡新房所用之物，除沿俗例不陪送刀剪外，木制家具、实用物品、家具陈设、软彩文绣，都尽量做到一应俱全。另有新妇之嫁衣脂粉、被褥衣料，并配男家所送之婚床用品等，一并作为女家陪奁，在迎娶之前一日或当日，送往男家。是时鼓乐喧天、箱笼成列，爆竹裂帛、街衢漫红，望之如春桃灼灼盛放，是谓“十里红妆”。

学生答案

1.3 春花洋轿（A2）

▲“双子星”模式——实物与模型平行展览

按 1.5 倍比例制作喜轿轿身部分模型，与喜轿原品平行放置供观众参观体验。喜轿模型外部设计（轿窗等）完全依照原品按比例放大制作，内部采用木制（或竹制）结构，放置简易轿座，让观众能够入内拍照体验。

喜轿模型大致与原件平行放置，更具有对比效果，可将原件向 A2 展区方向整体移动 80 厘米左右，后将模型放置在木台上固定。原筑矮木栏木台继续作为展示台，但喜轿原件部分采用全封闭式围筑，模型为便于参观采用半封闭式围筑。

轿身部分
原尺寸约为
（1.2 米 × 1.2 米 × 1.8 米）

◎展品清单

序号	展品名称	年代	展示星级	备注
1	清末成都民间木制穿斗式花轿	清	★★★★★	矮木栏围筑封闭式木台

待复制模型：

木制穿斗式花轿轿身部分 1.5 倍模型（无展柜；矮木栏围筑半开放式木台）。

※ 灯光：

轿顶上部做开放式顶光设计， 主要光源布局在喜轿原件正上方，顶部点光源的设计能够为主要展品提供较为明亮的光域，着重展现喜轿轮廓框架，亦能够较好体现木雕部分工艺之精巧。

灯具：

顶部光源灯具主要采用 LED 吸顶灯，光色以相对柔和的淡黄色为首选，在无淡黄色灯具的情况下可以选择照度较低的白色灯具。

■解说文字：

成都旧时婚姻，迎娶当日，新郎从轿行租喜轿一乘，仪仗一套，吹吹打打前去女家迎亲。此屏花轿来自清末民间成都一家民间轿行，木制穿斗式，正方形，四角攒尖顶，三面轿窗玻璃内装饰纸扎戏台，演绎王母、玉皇祝寿故事。轿身两侧覆瓦状玻璃内画，内容取自川剧传统剧目，左侧为《盗红绡》《断机教子》《貂蝉拜月》，右侧为《天河配》《三难新娘》《长生殿·乞巧》。一般花轿可拆卸，并配仪仗、拾箱。旧时成都女子出嫁排场，由此可见一斑。

学生答案

§2 精 · 艺

单元说明

本单元为民俗学陈列馆展厅自右至左参观的第二部分，也即“艺”主题的部分，展品主要以木雕、竹雕、珐琅彩（景泰蓝）瓷器为主。

竹木雕刻在明清时期上升为独立的艺术门类。这些玲珑小品，除笔筒、臂搁等，一般为陈设器，或点缀于茶肆华堂，或清供于书香几案。无论材质，入题山水，则气象万千，生气盎然；取材人物、传说，纤毫俱悉，神韵精绝。

我国金属工艺运用珐琅釉料的历史，上可推春秋战国时代。到明代景泰年间（1450—1456），铜胎掐丝珐琅工艺大为繁荣，以蓝釉最动人，后世称其为“景泰蓝”。景泰蓝的制作工序复杂，是具备了传统工艺中造型、色彩、装饰为一体的特种工艺品。馆藏景泰蓝，多清代乾隆时佳品。

竹木雕刻与珐琅彩（景泰蓝）展品能够出色地表现川西地区清末民国时期民间用物风俗，具有较高审美艺术价值和研究意义。

本单元展区改陈后明确划分为木艺竹香（竹木雕刻）、景泰珐琅两大展区，通过展牌的形式进行划区标识，使得展览更为清晰明确。

2.1 木艺竹香

▲梯度差异展台，缓解视觉疲劳

当前木雕、竹雕玻璃展柜内展品采用平面化的方式摆放，各展品间间距恒定，

通过适当的光线设计突出重要展品，但效果并不明朗。（当前展厅效果见下图示例）

改陈后创新展品摆放方式，采用木板叠堆式，创造展台平面的高度差异效果。不同展品所在的展台高度依照展品重要程度（展示星级）及展品自身高度有所调整（改陈效果见下图示意），在一定程度上缓解了观众视觉疲劳、突出展现了重要展品。

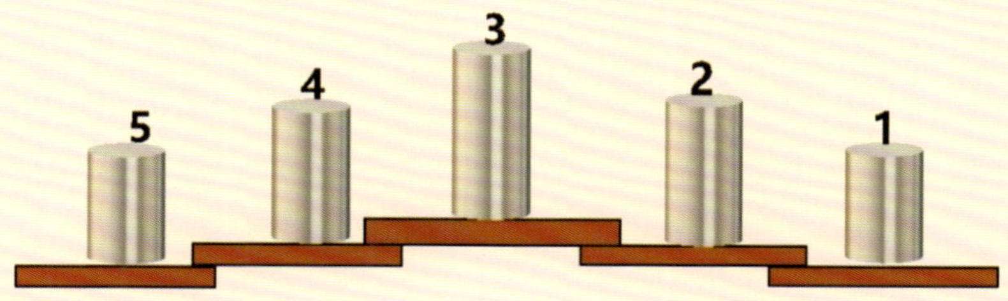

另，展品高度排列次序采用梯形或倒梯形均可。实际改陈工作实践中需注意调整高度和设计展台高度。要避免产生 A 物品的影子投射在 B 物品上，影响展览

学生答案

效果。

◎展品清单（三维展品）

序号	展品名称	年代	展示星级
1	雕漆罗汉像		★★★
2	木雕观音坐像		★★★
3	竹雕寿星像		★★★
4	根雕魁星像		★★★
5	竹雕关公周仓像		★★★
6	竹雕刘海戏蟾像		★★★
7	竹雕周芷岩款松壑人物笔筒		★★★
8	竹根雕渔翁像		★★★
9	象牙雕八仙像		★★★
10	十六档折扇		★★★
11	竹雕激流乘槎笔筒		★★★
12	螭纹犀角杯		★★★
13	象牙雕花木兰像		★★★

○展品清单（二维展品）

序号	展品名称	年代	展示星级
1	渔翁渔妇图	清	★★★
2	缂丝《八仙过海》壁挂		★★★
3	寿星、魁星、刘海民俗画	现代	★★★

※ 灯光：

主要应用顶光、顶侧光设计，塑造平和、沉稳的光线氛围，完整呈现展品造型样式；展柜柜顶中心光源照度较其他光源强，突出体现中心位置展品。

另，据木雕、竹雕作品自身颜色较深、色泽较暗的特点，在展柜距观众远端的一侧两下角位置分别补充安置两只小射灯，从侧面更好展现展品侧面样态。

灯具：

顶光主要采用 LED 圆盘灯提供较为稳定光源，角落补充安置的射灯亦采用环保 LED 小射灯。

■解说文字：

木雕是雕塑的一种，主要分为立体圆雕、根雕、浮雕三大类；2008 年 6 月，木雕经国务院批准列入第二批国家级非物质文化遗产名录。木雕原料一般选用质地细密坚韧，不易变形的树种如楠木、紫檀、樟木、柏木、银杏、沉香、红木等。采用自然形态的树根雕刻艺术品则为“树根雕刻”。木雕技术有圆雕、浮雕、镂雕或几种技法并用。有的还涂色施彩用以保护木质和美化雕品。

2.2 景泰蓝珐琅彩

▲ 360° 旋转展台，突破平面化局限

当前本展区展品同上采用平面化的展览方式，其对于珐琅彩器而言，不能一睹其背部（观众的对侧）风采，一定程度上影响了展品的参观效果。对于类圆柱体、瓶状、盘形展品而言，平面化的展览方式也无法给观众提供深刻的印象，太过简易。

故在改陈工作中，依据本展区展品的三维特征，创新设计 360° 可旋转展台，将三维（背部具有展品突出特色的）的展品放置其上，均匀调整展品展台间间距。将景泰蓝珐琅彩瓷器等展品放置在可旋转的展台上，能够全方位展现展品特色，提供更全面的参观视角，使观众更为深入地了解相关展品特点。（展台示意图见右图）

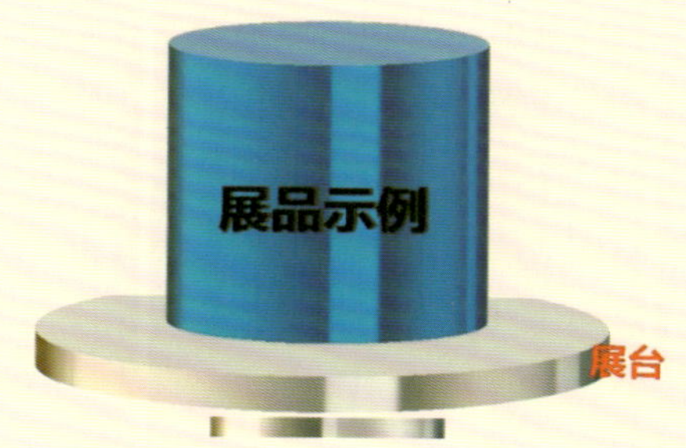

学生答案

◎展品清单

序号	展品名称	年代	展示星级
1	画珐琅花卉碗		★★★
2	掐丝珐琅龙纹碗		★★★
3	画珐琅长颈双耳瓶		★★★
4	掐丝珐琅双面花纹方盘		★★★
5	掐丝珐琅细颈瓶		★★★
6	画珐琅长柄手镜		★★★
7	掐丝珐琅盖罐		★★★
8	镀金掐丝珐琅双耳瓶		★★★
9	乾隆画珐琅小盘（3只组）	清	★★★
10	镀金掐丝珐琅瓶		★★★
11	掐丝珐琅熏炉		★★★

※ 灯光：

主要应用顶光、顶侧光设计，塑造平和、沉稳的光线氛围，完整呈现展品造型样式；展柜柜顶中心光源照度较其他光源强，突出体现中心位置展品。

灯具：

顶光主要采用 LED 圆盘灯提供较为稳定的光源。

■解说文字：

景泰蓝是中国的著名特种金属工艺品，到明代景泰年间制作工艺达到了巅峰。景泰蓝正名“铜胎掐丝珐琅”，俗名“珐蓝”，又称“嵌珐琅”，是在铜质的胎型上，用柔软的扁铜丝，掐成各种花纹焊上，然后把珐琅质的色釉填充在花纹内烧制而成的。因其在明朝景泰年间盛行，使用的珐琅釉多以蓝色为主，故而得名“景泰蓝”。

§3 雅 · 书

单元说明

本展区主要展品为传统工艺古纸及文房四宝，展品精美，制作工艺精良，展现我国古代文书精华。笔、墨、纸、砚，文房四宝之名，起源于南北朝时期；自宋朝以来“文房四宝”则特指宣笔、徽墨、宣纸、歙砚（馆藏）、洮砚、端砚（馆藏），元代以后湖笔渐兴，宣笔渐衰。

民俗学博物馆馆藏古纸、墨盒、砚台等文物种类丰富，展品来源为全国优秀产地，文物制作精美，各具特色。笔墨纸砚为古代文人雅士所拥之物，别具风“雅”，其作为民俗学博物馆陈列区之一，可谓雅俗共赏，别具风“俗”。

3.1 古纸传灯

◎展品清单（三维展品）

序号	展品名称	年代	展示星级
1	竹刻仕女图臂搁（2只/对）		★★★
2	民国诗婢家刻图笺（/册）	民国	★★★

〇展品清单（二维展品）

序号	展品名称	年代	展示星级
1	清康熙淳化轩描金银泥云龙笺	清	★★★
2	清道光荣禄堂制版画彩花笺	清	★★★
3	清乾隆梅花玉版笺	清	★★★
4	清乾隆仿五代澄心堂制苔笺	清	★★★
5	清康熙葵地云龙笺	清	★★★
6	明木刻画笺	明	★★★

学生答案

※ 灯光：

主要应用顶光设计，照度较弱，保护古纸；光色首选淡黄色，烘托柔美的光线效果和雅的参观氛围。

■解说文字：

馆藏古纸近三百种，根据时代而言，自东晋至清，皆有收藏；以地区言，蜀、赣、徽、浙等地名产，无美不征；以质料而言，苔、檀、藤、桑、麻各异，造作自殊；以花样言，描金、洒金、填金、销金、绘银、传彩、印花诸种，异制纷呈。其中尤以晋桑皮纸、六朝黄麻纸、唐硬黄纸、宋金粟山藏经纸、元明仁殿纸、明木刻画笺、清康熙葵地泥金银云龙笺、日本矾水引薄美浓笺等为珍贵。

3.2 砚池墨妙

◎展品清单

序号	展品名称	年代	展示星级
1	澄泥砚		★★★
2	清雕龙歙砚	清	★★★
3	清汪心农制墨	清	★★★
4	清钟形端砚	清	★★★
5	清乾隆云行雨施方圆咸宁御墨	清	★★★
6	清乾隆赤壁图御墨	清	★★★
7	清乐寿堂藏墨	清	★★★
8	清【艳友】御墨	清	★★★
9	清曹素功紫英墨	清	★★★
10	清曹尧千漱金墨	清	★★★
11	淳化轩摹古宝墨	清	★★★
12	清乾隆春华秋实御墨	清	★★★
13	清瓦形端砚	清	★★★
14	清乾隆来仪御墨	清	★★★

续上表

序号	展品名称	年代	展示星级
15	清乾隆有虞十二章御墨	清	★★★
16	清透雕青玉墨床	清	★★★
17	清乾隆御制三生石墨	清	★★★
18	清胡开文苍佩室墨	清	★★★

※ 灯光：

主要应用顶光、顶侧光设计，塑造平和、沉稳的光线氛围，完整呈现展品造型样式。

另，根据御墨、砚台展品自身颜色较深的展品特点，在展柜内部下方四角落补充安置小射灯。

灯具：

顶光主要采用 LED 圆盘灯提供较为稳定的光源，角落补充安置的射灯亦采用环保 LED 小射灯，供给展柜较为明亮清澈的光域。

■解说文字：

墨相传为西周宣王时人邢夷首创，乃以松炭捣末拌粥，揉形晒成。中国早期墨均为松烟墨，以松木为主要原料，质坚如石，乌黑沉着，用以拓墨尤佳；十世纪中叶始创油烟墨，以油脂为原料，色泽鲜亮，姿媚不沉，以书画家所喜用。明清两朝，制墨业臻至鼎盛。馆藏古墨，即多系此期名家精品，造型翻新，墨身常饰以字画，点金缀彩，绚丽典雅。

御墨，指我国古代专供皇帝书写用墨，唐玄宗时首制。清代乾隆御墨为世所尊，雍容华贵，浑厚大气，集实用性、艺术性、观赏性于一体。

学生答案

§4 灵 · 影

单元说明

影戏广泛见于东方各国，是用各种剪影来表演故事的戏曲形式。中国影戏以起源最早、形象最美、演技最奇妙而被喻为“影戏的故乡”。

明、清以来，中国影戏分为南、北两大流派，北派以唐山影戏为代表，南派则以四川影戏为魁首。四川皮影戏包括川北皮影和成都灯影。后者形成于清代乾隆年间，以雕刻细致、精工华美，被称为全中国最复杂的皮影。

本馆所藏，皆为清末成都皮影戏班“春乐图”皮影精品。

▲“SUPER 皮影”计划

仿制皮影精品原件 10~15 倍大小的皮影模型，制作技术完全参照皮影制作过程，材质可选择更耐磨材料；皮影模型放置于展厅中部两玻璃展柜中间的空地处（可加设木制小展台）。观众可以亲身感受皮影制作工艺之精巧、展演技艺之灵妙，增强互动体验，致敬传统手工匠人。

▲皮影动画展演，多媒体参观互动

当前馆内多为二维平面皮影展品，观众难以形成对传统皮影制作工艺、演出技艺的真切体验。故创新多媒体展演的方式，在展厅四角设置平板电脑或可替代的播放设备，循环播放皮影精品制作过程及皮影戏样，增强同观众的互动体验。（平板电脑及可替代播放设备，规划放置位置见下图）

@ 多媒体设备：平板电脑。（布局设置见下图绿星处）

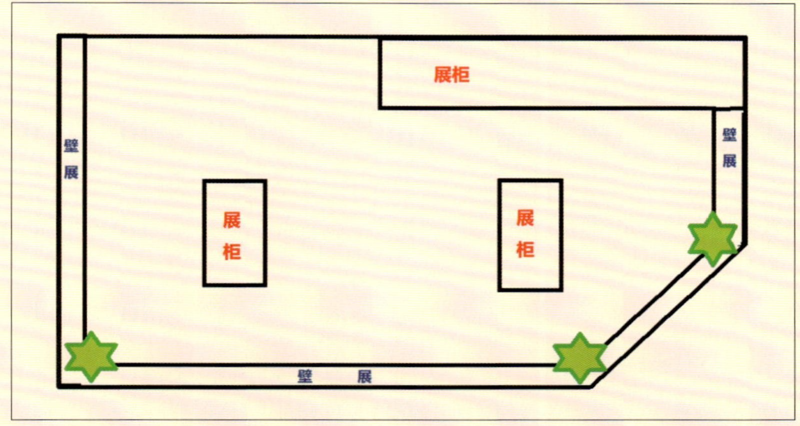

灯具：

主要应用 LED 中强光平板灯置于皮影展品后；独立展厅分区顶部采用 LED 弱光灯或光线较柔和的白炽灯供能。

■解说文字：

成都皮影，又称成都灯影，是一种古朴的民间艺术形式；分布在四川成都市和所辖县城，属于四川西路皮影系列。历史悠久，清朝末年盛行。成都皮影同民间剪纸技艺一脉相传，它的神奇魅力，足以令人震撼。

成都制影，又叫“錾灯影”。常用工具分刀、刃、锉、眼、噙五类，全套可达 300 余种。制影用力甚巨，一箱皮影，一二百影人，一二百道具，往往耗时三四年之久。

成都影戏唱腔用川剧调，昆、高、胡、弹、灯五种声腔，一应俱全，各有所专，各得其长。馆藏手抄唱本《赵府盗绡》《姑苏台》《打花鼓》《夜怨》《凌云渡》，均属清末成都皮影戏班“春乐图”旧藏。

学生答案

五、方案总结

本改陈设计方案基于当前民俗学陈列馆展品及展览情况，进行部分展览方式形式的创新设计，并对部分展区展品及辅助展品组合、分区进行了进一步规划，明确陈列馆自身定位，凸显馆藏及展览特色。其间，关照自幼童至长者全年龄段人群特点，展览方式设计上各有所侧重与准备，能够满足多样化的审美需求和研究、学习的需要，清晰的说明与介绍兼具出色教育功能。

同样，本方案不可避免的具有一定局限性，如展品清单是依照现场参观拍摄的照片经后期整理汇总而成的，可能个别展区的个别展品有所遗漏；亦如布局规划方案中所绘图纸均为简易版示意图，进一步改陈设计需要多次现场勘测考察，对数据进行精确计算，并在实际改陈建设工作中予以灵活调整。

教师点评

笔者选取四川大学博物馆民俗展厅为改陈对象，将主题提炼为“川民川情”，较好地体现了文物承载的是有温度的民情这样的人文理念。笔者认真细致地对原有展品信息做了收集和整理，清楚辨明重点，作为策展基础。方案的内容文本结构完整，逻辑较为严密，层次清晰，文字清新，图文并茂，能够将展品组合、辅助手段与说明文字很好地结合在一起，表达各部分的主题，而且创新性地提出了音乐介入展示、用星级标示展品重要程度等新举措，更能提高展览制作人员对内容设计环节意图的理解。这份博物馆改陈方案表明笔者已经较为扎实地掌握了博物馆学展陈设计的基础理论和专业知识，初步具备了策划博物馆展览的能力。

当然，对于“川民川情”这个主题来讲，有部分内容如景泰蓝珐琅彩跟四川民俗到底有多大关系？是否有必要放进方案？还需斟酌。而且文玩、纸墨等部分也需要紧扣主题撰写说明文字。

旅游心理学
课程号：106076030

课程简介

“旅游心理学”是历史文化学院（旅游学院）旅游管理专业本科学生的专业必修课，主要内容涉及旅游者的心理特征、旅游从业人员需要具备的心理素质，以及旅游从业人员的心理保健等。课程开设在二年级下学期：一是因为低年级是学习与旅游相关的基本知识和理论的阶段，且学生的学习积极性高，适合本课程对课堂互动与小组讨论的需求。二是因为本学院旅游管理专业实习设在三年级上学期，学生会用半年时间在酒店、旅行社等旅游服务行业实践学习。在此之前，很有必要让学生对旅游业中的两大主体——旅游者与旅游从业者的心理——进行系统全面的学习了解，以便更好地为客人提供优质服务，同时学会如何在高负荷的实习工作中进行自我心理调节，保持身心健康。希望学生通过本课程的学习，认识自我，完善自我，在今后的学习、工作和生活中找到平衡，成为旅游行业中工作出色而又充满主观幸福感的人，这也是体现了以人为本的思想。

卢天玲 / 四川大学历史文化学院（旅游学院）

卢天玲，女，苗族，西南大学认知心理学硕士，四川大学遗产保护与旅游开发博士，四川大学历史文化学院（旅游学院）副教授。致力于旅游心理学、旅游文化学领域的教学研究。教授“旅游心理学”课程十余年，积累了丰富的教学经验和素材，对本课程有自己的理解和教授方式，获得了学生高度认可，评教口碑好。

让一个个鲜活的灵魂从非标准答案中跃然而出

四川大学历史文化学院（旅游学院）　卢天玲

窃以为，非标准答案是考试改革的巨大突破，尤其是对于人文科学类的课程考试而言。而标准答案则在很大程度上是对学生思维多元化的扼杀。通过非标准化答题，教师看到的是一个个活生生的思想，充满独立性和创造性的灵魂。

非标准答案试题的好处在于不约束学生的思维，促使他们全力发挥对题目的差异化理解，让学生答出他们想说的答案。非标准答题促使学生不断思考，引经据典、据理力争，因此考试是又一次的学习和提升。对于非标准答案的要求，最重要的是言之成理，自圆其说。凡是做到了这一点的，都应该算合格。如果有理有据且逻辑清晰严密，则算优者。

我曾经很苦恼于千篇一律的标准答题，因为阅卷的时候完全看不出学生的个性，更得不到我想要的创造性答案。这几年使用非标准答案后，阅卷中时时有惊喜，原来学生的逻辑性和想象力远比我们认为的强得多。稚嫩的笔触迸出的各种火花可能是老师从来没有想到过的。思想的交锋让师生之间的距离顿时拉近。让学生在答题纸上写下自己认为最有价值的答案，应该是创造性教育的一个重要目标吧。

以旅游心理学这门课程为例，这门课的教学目标之一是让学生全面而系统地了解心理学的基本理论，以及在旅游行业中旅游者（消费者）的各种心理特征、心理过程与心理状态。但这仅仅是一方面，更重要的是要让学生学会使用心理学知识来分析自我，增强学生的自我认知，使他们能够更加认真、全面、客观地认识自我、审视自我，发现自己个性中的长处和短处，并完善自我。旅游业是一个重要的服务行业，面对各种各样的游客，从业人员的专业素质、心理素质以及心理保健都非常重要。在学生走进行业之前，对他们进行相关的教育和训练也是一次心理建设，如果能够学会自我心理调节则能够增强职业归属感，有效地减少从业后的心理困扰。而我本人也更看重后者，因此在授课中有意侧重这方面，考试也更倾向于考察学生对于自我的认知状况，以及如何在工作中进行自我心理调适。成为一个在旅游行业中工作出色而又有幸福感的人，是我对学生最大的期望。

所幸的是，通过答题发现，很多学生都能够正确运用心理学对自己进行比较全面而客观的分析和评价，也能理性认识到自己的个性在从事旅游业时的优劣势，同时有针对性地为自己定制既能很好完成工作又能保持身心健康的方案。透过自我分析，一个个个性迥异、气质鲜明的学生浮现在我面前。我很高兴看到了他们的内心，感受到他们的悲与喜、骄傲与困惑。这份答卷，已经让学生实现了自我成长。非标准化答题，把有思想、有个性的学生还给了我。

通过多元化的答案，教师还可以对学生的思想和学识水平有更加深入的了解，以便调整教学目标、内容、方式，使今后的教学更贴合学生的需要。更难得的是，学生充满个性化的答题也为教师提供了很多新思路，促使教师对所授课程去深入探索。在这种宽松自由的答题氛围下，还有学生会在答题之外诚恳地写下对教师授课的建议。可以说，学生也是老师，所谓教学相长是也。

考试题目

题目：

你认识自己了吗？

试题说明：

亲爱的同学，学习了一个学期的旅游心理学，你是否学会了认识自己？请利用学过的理论和知识，试着全面深入地分析自己的个性 / 人格，并结合旅游行业谈谈自己的个性优势和劣势，如何保持健康的身心，愉快地为游客服务。

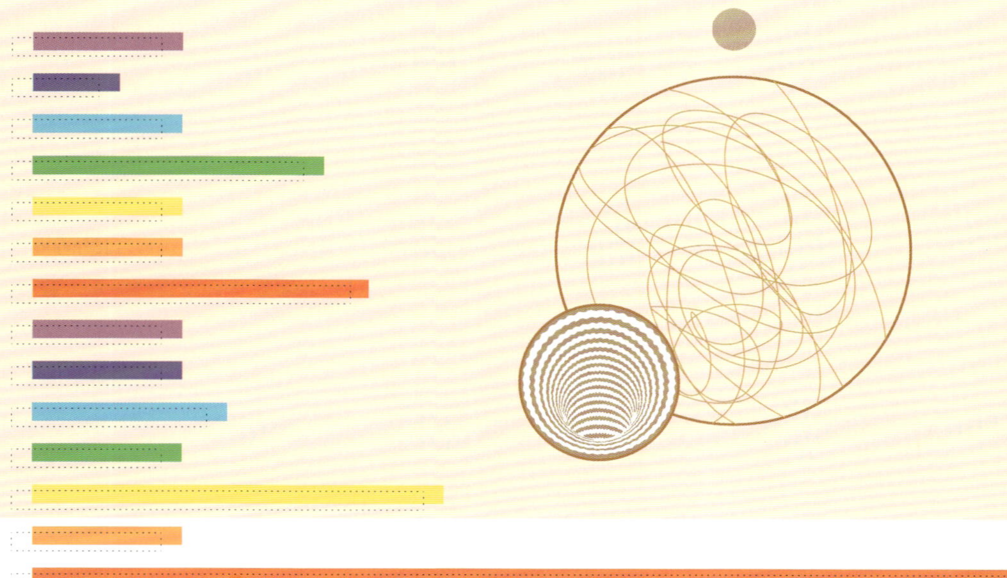

学生答案

学生答案：

历史文化学院（旅游学院）　廖茂竹　2015141063058

一、我的个性

（1）从人格特质分类的“五因素”模型出发，我认为我具备了大部分的开放性、责任心和情绪稳定性。

我拥有不错的审美水平和丰富的情感以及很强的好奇心，同时对我所肩负的责任明确，会尽职地完成我的分内之事，会追求一定的成就，即使内心有不愿意的地方，我也尽量不会表现出来。但是有时候我也会焦虑各方面的事情是否能完成，完成的质量如何，并且倾向于压抑自己的负面情绪不让它表达出来。有时候很小的一个点就会触动到自己，显得感情比较脆弱。

（2）从气质类型来划分，我应该属于黏液质。

因为在比较陌生的人面前，我所传达出来的就是安静、稳重的形象，如果不是感兴趣的话题或是在我不熟的人面前，我一般都比较少言寡语。我不喜欢向别人展示我的日常生活内容，即使是在社交网络平台上。即使要发一条动态或朋友圈，我也会思考只面对哪些人开放之类的问题。我比较善于忍耐而不直接表达不满，总体比较内倾。

学生答案

（3）从斯坦利·C.普罗格所划分的个性类型来看，我比较倾向于心理中心型。

我很注重细节，并且会强调此时此刻我内心的感受。在某些情况下，一首歌、一些照片可能就会将我带入某种情绪中，而我也会花时间让自己沉浸在这一情绪之中。我较多地考虑自己，在集体中如果是主动做某些事大多也是由于自己的原则，并且我不太喜欢自己不太能掌握的事物。再加上之前所讲的压抑自己的情绪情感，所以我认为我比较符合这一特质。

二、我从事旅游业的优势

我具有较强的好奇心和较好的审美，因此在旅游行业中会主动涉猎较宽广的范畴和话题，同时会为顾客提供较好的审美体验。

我拥有较好的自制力和责任感，在面对顾客时我会克制自己的负面情绪而始终表现出良好的职业素养。我会为了让顾客满意尽力完成自己的工作任务。

我注重细节且较为敏感，在为顾客提供服务时会比较细致地关注他们的情绪变化和体验，尽量让所有人都感到舒适。

三、我从事旅游业的劣势

我不够开朗活泼，也很难在与人初次见面时就表现得从容或“自来熟”，这也许是源于自己不够自信。所以如果顾客希望一开始就有一个热情活泼的服务者，我可能很难做到。

我的意志力可能比较薄弱，如果我作为导游在一次活动中出现了大的差错，这或许会影响我是否继续从事这一职业。并且如果一开始顾客给我的感觉是负面的，我可能在后来的过程中就提不起很高的情绪，只是按照规定的合同履行义务。

四、如何保持健康的身心，愉快地为客人服务

首先我需要树立自信心，无论是出于对自己专业知识水平的肯定或是顾客对我工作内容的评价，我需要有足够的自信使得自己从容不迫，侃侃而谈，更好地完成我的工作。

我需要学会向别人倾诉，表达自己内心的感受。也许在别人看来我是一个不错的倾诉对象，但却不是一个好的表达者。不是因为我不会表达，而是我没有向别人表达的意愿。有时候出于自尊，认为这是个人的事情，有时候出于考虑别人的心情，不愿意将他人作为情绪垃圾桶，总之向别人倾诉内心的时候较少。所以我需要向朋友或者长辈真诚表达自己的感受，再接受别人的建议，而不是一味地沉浸在某种情绪中再自我调节。

我需要定期给自己放松的时间。在平常的生活中，我会因为工作业绩（就像现在因为成绩等）焦虑，我也会强迫自己为了某个目标而努力工作，所以我需要一定的时间去放松自己，缓解这种竞争压力，避免心态失衡。

我需要提高自己应对挫折的能力。如果在工作中遭受了挫折，我的第一反应是会怀疑自己的能力，然后再进行一段时间的自我调节。在这个过程中可能还会出现较为冷漠、固执的状态，而这是一种非理性的挫折反应。所以我需要提高自己这方面的能力，无论是向别人倾诉也好、发泄也罢，总之我需要有一个偏向乐观的心态。尤其是在旅游行业中要面对形形色色的顾客，可能遭受各种打击，这种能力是必须的。

第一，考察学生对个性 / 人格的基本理论把握以及实际运用，能够用相关理论来描述、分析人的个性，对其进行分类。

第二，知彼，还要知己，了解自己非常重要。通过分析自己的个性，增强学生的自我认知，使他们能够更加认真、全面、客观地认识自我，审视自我，发现自己个性中的长处和短处，并完善自我。帮助学生心理成长，是本课题的重心之一。

第三，结合旅游服务行业对从业人员的心理素质要求，以及旅游从业人员的心

理保健情况，让学生明白自己从业的优劣势，思考如何破解遇到的问题。不论是改变自己的个性以更好地适应旅游业，或者掌握自我心理调适的技巧，还是扬长避短调整目标，等等，都是可行之道。

第四，通过答题发现，很多学生能够正确运用心理学知识对自己进行比较客观的分析和评价，也能够清醒认识到自己的个性在从事旅游业时的优劣势，同时有针对性地为自己定制既能很好完成工作又能保持身心健康的方案，而这正是本课题的终极目标。成为一个在旅游行业中工作出色而又有幸福感的人，是我们对学生的期望。

教师点评

信息服务与用户研究
课程号：401180030

课程简介

本课程践行“将创业教育嵌入专业课堂”的理念，致力于将学生培养为创造性的信息服务工作者，采取面向过程的方法系统，学习如何“以用户为中心”开展信息服务产品设计，包括信息服务需求研究、信息服务产品内容设计、可用性设计和服务运营等学习环节。课程采用团队作业和个人作业相结合的方式，围绕《信息服务产品创业计划书》进行作业布置。

李桂华/四川大学公共管理学院

李桂华，四川大学公共管理学院信息资源管理系教授，博士生导师，中国索引学会理事，四川省学术和技术带头人后备人选，四川大学青年学术人才。曾任美国威斯康辛州立大学麦迪逊分校客座研究员，先后主持国家社科基金重点项目、青年项目、教育部人文社科基金项目等国家级项目四项，在SSCI期刊、权威期刊、CSSCI期刊发表论文超过五十篇。

每年讲授“信息服务与用户研究”“企业信息化建设与管理”“信息分析与预测”等本科、研究生课程。2016年主持完成面向四川大学新世纪高等教育教学改革工程研究项目——“互联网+环境下‘创业教育嵌入专业课堂’实现模式探索”。

从证明自己到发现自己
——关于考试价值的思考

四川大学公共管理学院　李桂华

每一个人都是寻找者，在生活、学习、工作中不断地寻找着自己，大学阶段更是大学生寻找自己的过程。作为大学教师，很幸运地能在教学的过程中深度体验他们的这个过程，而考试形式的灵活、开放、过程化，则可以使之成为见证大学生成长的最好渠道。

算来我尝试非标准化考试已经有十余年了，最初选择非标准化考试只是希望减轻同学们考试的负担和压力，使他们学到的知识能保持得更长久，且认为非标准化考试也不外乎是检验学生的另一种方式罢了，但现在越来越发现，非标准化考试更

好的一个妙用在于帮助学生发现自己——发现自己的潜能，发现自己的兴趣，发现自己成长的方向。

近三年我的信息服务与用户研究课程采用过程化考核方式进行课程考核，且尝试实践“将创业教育嵌入专业课堂”的教学模式，这样一来，学生的作业质量有了显著提高，每次课程完成时，都有同学将自己的课堂作业拿来参加大学生创新创业大赛，仅去年就有五个团队的课程作业参加了大学生创新创业比赛而且获奖，其中包括国家级奖励。

所谓“将创业教育嵌入专业课堂”是指在专业课程教学内容中适当增加创业元素来培养学生基于专业知识的创业素养。这一教育思想在国外已经有很好的实践范例。而我在践行该思想时，尝试将创业计划书直接作为课堂教学的主要作业形式和成绩依据，使创新创业能力成为课程考核的重要标准。 我的课程中，平时每次作业都以团队形式完成，每次作业都是创业计划书内容的一部分，使同学们完成作业的过程就像体验一次真实的创业过程。而我则作为市场的代言人，以投资方身份来对他们的作业进行毫不留情的点评。

我发现有些同学的作业完成质量之高，已经具有明显的市场潜力，更重要的是同学们在互相分享的过程中也发现了这一点，他们也会为之兴奋，因为他们仿佛看到了自己未来的无限可能。

其中有一次作业是“构思一个创新信息服务产品，并为其用户画像”。该作业主要是希望训练同学们“以用户为中心”的思维方式，并使他们理解设计过程中怎么利用明确的用户样本提高设计效率和效果。结果同学们交上来的作业五花八门、天马行空，他们有的会从自己生活中的痛点（如排队坐校车）出发构思产品，并以身边的同学作为用户画像，对其需求、行为、价值观进行深刻描述；有的则从人文关怀出发，为社会上的弱势群体（如抑郁症患者家庭）创造帮助性工具，对这些群体调查、分析，并选择其中典型人物作为画像对象。阅读他们的作业，可以想象到他们讨论作业方案时兴奋而又热烈争论的画面。一些小组发现自己作业的质量完成得不如别人的时候，会主动要求我再给他们一次修正的机会，因为他们发现自己还有提升的空间。

还记得有一次关于“信息用户研究方案”的作业，同学们完成的质量已经超乎我的想象。评讲作业的时候，我对他们说：“我特别感动，但这个感动不是因为看到你们如此认真地完成了一次我安排的任务，而是因为看到你们对自己喜欢做的事情居然这样不遗余力地付出！我感受到了这种兴趣的力量，也开心能与你们分享这个愉快的过程，这也是你们收获的过程。”

从证明自己到发现自己，帮助学生实现这一跨越，老师需要做很多。第一，需要设计与实践紧密结合的作业，让学生意识到完成作业是一个有趣的过程，而且肯定有价值；第二，需要让学生理解作业完成的质量不在于和别人的作业相比怎么样，而在于自己是否投入，是否充分挖掘了自己的潜力；第三，让学生理解作业不是老师布置的任务，而是自我检测的工具，是自己成长的阶梯；第四，向学生的付出和能力致敬，让他们知道努力完成作业是一件特别值得尊敬的事。

其实，这何尝不是老师发现自我的过程呢？当看到同学们面对作业也能开心和兴奋，能通过一次次作业自我发现和领悟成长，那么考试就不再是老师和学生之间的那个难以言说的痛，而将成为老师与学生沟通的一座桥梁。

考试题目

题目：

信息产品用户画像构建

考试要求：

构思一个信息产品（如某 App），调查其用户群体并构建用户画像，以展示主要用户类型及特征。本次作业是一个团队作业。

学生答案

优秀答案一：

公共管理学院
董子晗　2014141095006 / 祁国洁　2014141095024
相永馨　2014141095035

“每日川大” App

【产品简介】

历史需要被记忆，故事需要被聆听。“每日川大”每日推送一个川大故事（历史沿革、杰出校友、名人、自然风光、建筑），一天仅有一个消息，可以查阅往日推送并可自由保存为私人笔记本，每日仅需几分钟时间即可了解一个川大故事。

【产品市场】

对四川大学感兴趣的人群。过去这些人群只能在四川大学及其档案馆、博物馆以及校史馆的官网上查询检索，在四川大学档案馆、博物馆以及校史馆实体参观，阅读校史纸质书籍，或者在新媒体平台上偶发的消息推送内获取，这些传统方式资料繁杂，专指性不强，形式老旧，使用户难以拥有持续的热情及长久的兴趣。

【用户群体分类】

曾经在四川大学工作和学习过的师生，在校师生，预报考四川大学的学生及学生家长，其他感兴趣群体。

【用户画像】

——用户画像 1

姓名：李华。

年龄：20 岁。

身份：四川大学在校学生。

目标特征：对四川大学历史很感兴趣；学业压力大，课业繁重，课余时间有限。

描述：参观过四川大学博物馆、校史馆、档案馆，访问过四川大学网站、四川大学档案馆、校史馆、博物馆官网，均没有满足预期，在用网站了解信息的时候，检索不便，内容不够有趣，热情逐渐消退；学业压力大，课业繁重，课余时间有限，喜欢利用课余时间了解历史知识。期待有一款 App 能够满足自己利用零散的课余时间了解四川大学的需求，而且 App 推送的内容简单明了、形式新颖有趣，对自己有长久的吸引力。

App 预期：利用零散时间了解最简洁的碎片化知识，信息内容图片化。

——用户画像 2

姓名：Tom。

性别：男。

身份：四川大学学生。

人物简介：爱分享、爱生活、爱学校。

描述： Tom 是四川大学刚进校的新生，他想利用零碎时间了解四川大学一些基本情况。他下载了“每日川大”手机 App 后，来到主页，点击今日，看到的是对四川大学图书馆的介绍。图书馆的图片与文字介绍简洁生动，激起了他想了解更多四川大学景观的兴趣。他可以通过主页的日历，选择自己想要查看的具体日期的推送，以此来了解四川大学的信息。

App 预期：花费时间少，信息有深度。

学生答案

——用户画像 3

姓名：David。

性别：男。

年龄：20 岁。

身份：四川大学在校学生。

使用习惯：移动端。

人物简介：追求完美阅读体验、爱分享、好奇心强。

描述： David 学业压力大，课业繁重，课余时间有限，喜欢利用课余时间了解历史知识，尤其对四川大学的历史、 四川大学的故事很感兴趣。上周末，David 一时兴起，抽空参观了四川大学博物馆和校史馆，然而这种传统的听故事的方式让 David 提不起什么兴趣，馆内的故事也不够有趣生动。David 对历史的热情在逐渐消退。

App 预期：能在零散的课余时间了解四川大学的各种故事，希望有趣、有吸引力。

优秀答案二：

公共管理学院
李凡捷　2014141096017／黄　琳　2014141096013
贾榕榕　2014141096015／郭　怡　2014141096011
张　蓝　2014141096043

Learney App

【产品简介】

Learney 是一款基于知识图谱技术、大数据分析技术、智能推荐技术开发的针对用户个人信息提供针对性知识管理与知识导航的移动应用。主要包括知识管理和知识拓展导航两个功能，能够进行用户知识体系分析和可视化，并基于大数据分析为用户知识拓展和学习规划进行个性化导航。

【用户分群】

根据调查把用户分为三类：依赖型、咨询型、工具型。

学生答案

【用户画像】

——用户画像 1（依赖型）

姓名：于雨柔。

性别：女。

年龄：19 岁。

爱好：爱好学术专研。

性格：严谨求实、完美主义。

年级：大一。

专业：信息资源管理。

目标：出国留学。

简介：于雨柔是出生于山东潍坊的高个子女孩，于 2016 年进入四川大学公共管理学院信息资源管理专业就读，目前处于大一阶段，一直有意于出国留学。然而，经过半学期以来与课程的接触，让她认识到自己并不适合在该专业长期发展，且了解到国外大学并未设置相关专业，她对自己未来的发展方向产生了困惑。鉴于目前学科体系繁杂，且学科交叉趋势明显，但个人前期知识的积累造成专业壁垒，使其跨学科学习难度较大。除此之外，现代信息的发展导致网络资源丰富但是信息质量良莠不齐，于雨柔感到难以利用现有的信息资源详细了解有效的学科发展情况，更无法对其进行科学的对比。但是，学术发展规划需要进行长期的努力、持续的准备、科学的指导。

——用户画像 2（咨询型）

姓名：姜睿识。

性别：男。

年龄：22 岁。

爱好：爱好创造发明。

性格：追求创新，敢于突破，喜欢探索。

学校：河海大学。

年级：大四。

专业：软件工程。

目标：打算考上清华大学或北京大学硕士并直升博士。

简介：姜睿识是出生于江苏南京的阳光男孩，于 2012 年进入河海大学软件学院软件工程专业就读，目前处于大四阶段，一直有志于科研和发明。经过大学四年的学习，目前已具备较好的知识体系与信息素养。由于其高考失利，错失进入名校的机会，他一直向往进入清华大学等顶级学府读书。虽然他对自己目前的专业感到十分满意，但是他十分敬仰清华大学软件学院的一位德高望重的老教授，希望以后能跟随老教授学习，但是老教授的研究方向与他在本科阶段学习的专业并不是十分吻合，所以他需要弥补专业知识领域的欠缺。时间紧，任务重，他需要更科学的指导提高他的学习效率。

学生答案

——用户画像 3（工具型）

姓名：卞凡蓝。

年龄：48 岁。

爱好：读书、科研。

性格： 严谨求实。

职业：大学老师，教授。

学校：北京大学。

专业：经济学。

目标：让中国的科研紧跟时代的步伐，做经济领域的先行者。

简介：卞凡蓝出生于北京的书香世家，父母都是大学教授，从小受到父母学术的熏陶，耳濡目染下产生了对科研的浓厚兴趣。求学时期在美国常青藤名校就读经济学专业，后回国，在北京大学任教。国外求学的经历赋予她更为广阔的视野，多年以来，她一直沉迷于学术研究，置身于经济领域的科研前沿，取得了卓越的成果。与此同时，她对国内经济领域研究动向的把握比较准确。近两年，她着手于一个国家级的经济研究项目，能够实时获取国外最新的研究动态，对其研究进展有较大的帮助。

教师点评

本次作业主要培养学生“以用户为中心”的思维方式，以制作用户画像这一趣味形式提升学生的学习热情，挖掘学生的创造力。这两份作业能基于对用户生活、学习、工作信息需求的深刻理解提出信息产品设计方向，并生动刻画用户的具体信息利用情境，为后续信息产品设计创新奠定了良好基础。

信息分析与决策技术

课程号：401354030

课程简介

“信息分析与决策技术”课程是公共管理学院信息管理与信息系统专业本科学生的选修课。课程主要介绍一些信息分析和预测决策的原理及方法，包括借助一些软件工具来辅助分析的方法，希望学生针对实际问题选择合适的方法来解决问题，因此期末考试采用的是堂下开卷的方式。

彭光敏/四川大学公共管理学院

彭光敏，1984 年于四川大学数学系本科毕业，留校在新组建的图书情报学系任教，并在北京大学图书馆学系进修相关的专业课程。在四川大学数学系获得应用数学硕士学位。一直从事本科教学工作，曾经开设过“微积分”“概率统计”“文献计量学”“图书馆统计学”“运筹学”“逻辑学”“信息分析与决策技术”“信息经济学”等和数学关系密切的课程。长期从事决策过程中的信息用户和信息行为分析，关注共享经济、人工智能等热点问题与数据分析挖掘的结合与应用，参与了多个相关项目研究。

让学生爱上考试

四川大学公共管理学院　彭光敏

考考考，老师的法宝；

分分分，学生的命根！

小时候的顺口溜，现在依然在学生中流传。曾经的我，作为学生，在乎过分数；作为老师，也想考倒学生。

现在的互联网，将古今中外的科学文化浓缩在掌中，知识更新速度加快。对大学生而言，学习的目的不再是获取知识，而是掌握学习新知识的方法，解决各种问题的能力，实现进入社会的无缝对接，分数——已经没那么重要。因此我很早就开始尝试教学方法和考试方法的改革。

授课，不再要求学生熟记概念，而是可以按照自己的理解去记忆；考试，也不再采用闭卷，而是开卷，甚至是堂下完成。

记不住的公式，翻书；不清楚的方法，查找。只要你运用所学内容分析出题目含义，就可以用你认为正确的任何方法去求解。

但是出考题要仔细斟酌，要求学生掌握的知识点、方法都要分布在考题中，题目还要有现实意义、新颖有趣，让学生经过考试既能加深对所学知识方法的理解，又能使用知识解决今后遇到的实际问题。

同时为了考试的公平性，要求学生必须独立完成，对雷同抄袭的学生双方予以不及格的处理，这样一来，学生为了自己的利益都能诚信考试，老师的监考也就不必草木皆兵。

经过这样的改革之后，学生喜欢上我的课，更喜欢期末的考试！

考试题目

题目一：

我的毕业规划

试题说明：

（本题主要考察学生对多阶段决策问题的理解，以及自身面临实际问题时的思维方法和能够找到的解决问题的办法。）

某大四学生，目前面临三个选择：考研究生（国内或国外）、找工作应聘、自主创业，每个选择都有成功或失败的可能。

（1）考上研究生要花学费和 3 年的时间成本，但毕业后或许可以找到一份高薪工作；

（2）找工作要花面试费，且若现在找到工作，可能薪水不太高，但业务熟练后，或许有升职加薪的机会；

（3）自主创业需要一笔启动资金，若成功了回报很高，但失败的风险也大。

试根据自己的认识和想法用决策树方法（treeplan 插件）做出决策（要求对每一种结果发生的概率大小做出假设和说明，自己确定一个合理的评判标准，并对每种结果做出量化）。决策的结果是否与你预想的一致？说明原因。

题目二：

我的理想大学

试题说明：

（本题主要考察学生对多目标的决策方法，以及自身面临实际问题时的思维方法和解决问题的办法。）

请学生回忆自己高考时拿到分数后填报志愿选择大学时的情景。因第一志愿很关键，所以填报第一志愿选择学校（假设有四个备选大学）时考虑的因素有很多（如学校的知名度、学校所在地的气候环境、考上该校的把握度、学校美女帅哥的分布状况、自己喜欢的专业、生活习惯及费用支出等），故可采用多目标的决策方法帮助做选择。请学生根据自己当时的想法做出决策（自己假设数据并对各项指标的重要程度进行定义，构造比较判断矩阵或价值决策矩阵），写出详细的分析决策过程，并说明最后的决策结果和实际结果是否吻合？原因何在？

学生答案

题目一答案

答案一：

公共管理学院　杨涵全　2014141093035

大四学生小杨的困惑：是选择考研究生，或是找工作，还是创业呢?

对他而言，他觉得自己做什么决定，都有付出和回报：时间和金钱。

对于时间和金钱，他心中的标准是：一年的时间等效于 5 万元人民币。

于是，对于任何一件事情，小杨同学都能等效地计算出成本。

他想到，如果考研的话，他将花费一年的时间来准备考研，所以对应的花费是 5 万元。他觉得他准备一年应该有 80% 的成功率考上研究生。考上研究生后，经过三年的学习，他觉得自己收获的知识能够让自己抵消掉三年 15 万元的成本开销，并获得 2 万元的收益。而且，在读完研究生后，他能有 70% 的机会进入 BAT。如果没能进入 BAT，小杨同学只有去小型公司工作。

如果小杨同学选择就业的话，以他目前的水平而言，只有 20% 的机会进入 BAT，BAT 的年薪为 10 万元。如果进不了 BAT 的话，他只能选择进入其他小型公司，小型公司的年薪为 5 万元。当然了，在选择工作的过程中，面试费用大概有 500 元。如果进入了 BAT，他在后来的日子里面也有 50% 的机会获得晋升，晋升之后的年薪为 20 万元。当然了，如果在小型公司认真工作，日后也有 50% 的机会跳槽到 BAT。不管是进入 BAT 还是小型公司或者是晋升、跳槽，小杨同学的年薪都会随着时间的增长而上升。

对于创业而言，小杨同学能够获得父母 5 万元的投资。但是小杨同学觉得他创业成功的可能性只有 5%。但是，创业成功的收获也是巨大的，40 万元的收益是一个不小的数字。即使创业失败，也可以在创业的过程中丰富人生阅历，勉强能获得 2 万元的收益。基于以上情景分析，小杨同学画了一幅决策树，来帮助他分析目前面临的困境。

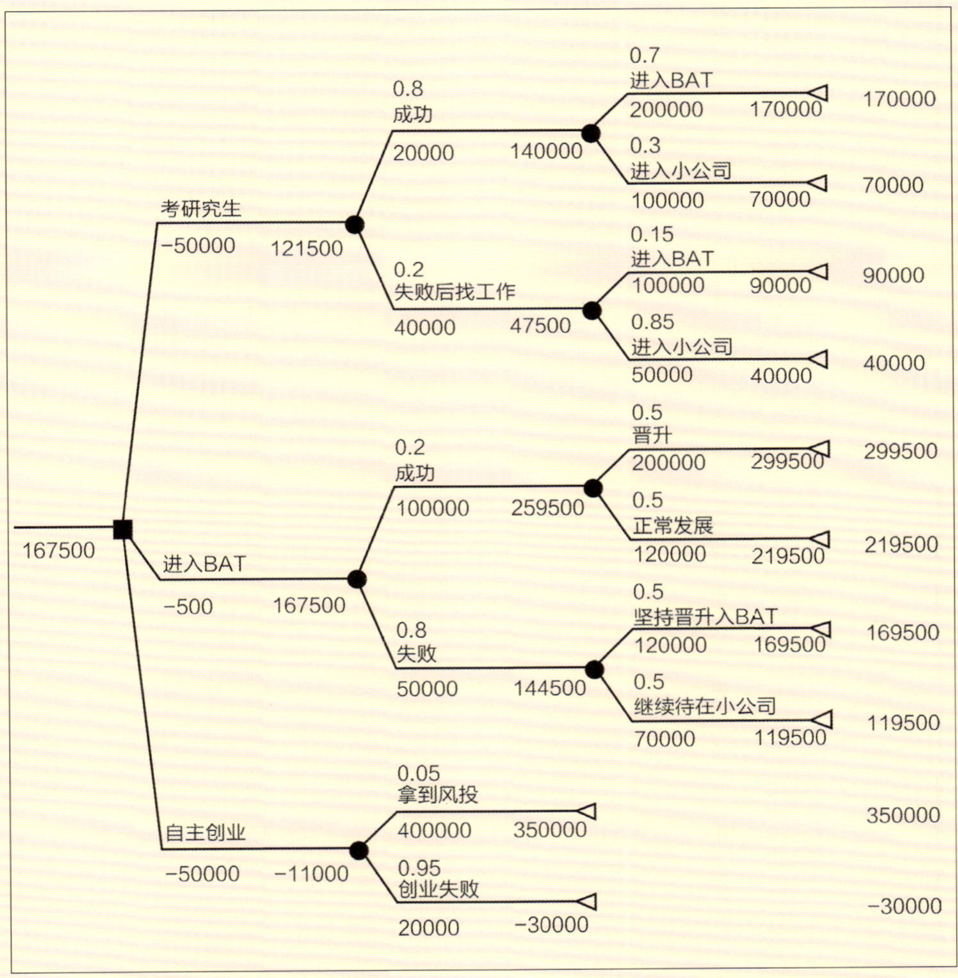

由图得知，小杨同学最好的选择是参加工作，能够获得 167500 元的收益。其次为读研究生，能够获得 121500 元的收益。最后是选择创业，能够获得 -11000 元的收益。

学生答案

答案二：

公共管理学院　吴思奇　2014141093029

首先我对自己面临的决策做一个大致分析：

考研、找工作、自主创业，每一个选择的结果都有两种可能性（成功或失败），并且在过程中各有花费。我根据题目要求做出下面图形帮助理解，把每一个在计算中可能出现的变量都量化为数据值指标进行计算。

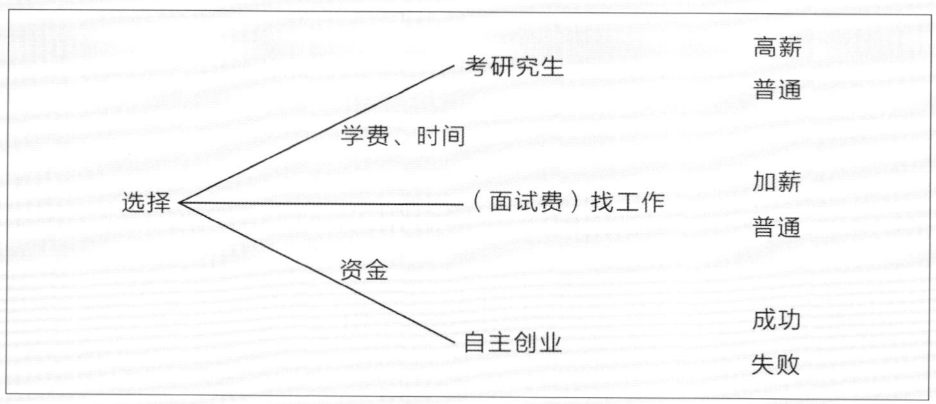

（1）针对读研究生，三年的学费以及时间成本很高，我就设定为 -4 万元。同时在毕业之后的年薪也是不同的，有了硕士学位，大约有 0.8 的可能性有 15 万元的高薪年薪，也有 0.2 的可能性只是 8 万元的普通年薪。

（2）针对找工作，面试的费用不高，这里就记为 -500 元。直接工作，有可能获得大约为 5 万元的一般水平的年薪，而几年后有机会得到提升可以获得 10 万元的年薪，在真实的职场中其实机会差不多是相等的。所以这个比例我给的是 0.5 与 0.5。

（3）还有一个选择就是自主创业，自主创业的启动资金也是不小的，所以我设定为投入 5 万元（−5 万元）。这里我考虑的自主创业是个人公司，其公司的债务将会与个人的资产挂钩，一旦遇到创业失败，则损失也是极大，会损失 10 万元（−10 万元）。自主创业成功之后回报十分丰厚，记为 50 万元。但是鉴于真实情况中成功的毕竟是少数，所以成功的概率只有 0.3，同时失败的可能性占到了 0.7。

通过下载 TreePlan 插件进行计算：

首先创建 TreePlan，之后，通过增加树枝或者改变为圆形、正方形或者三角形；分别代表选择、事件以及终端的树枝构成这个树。

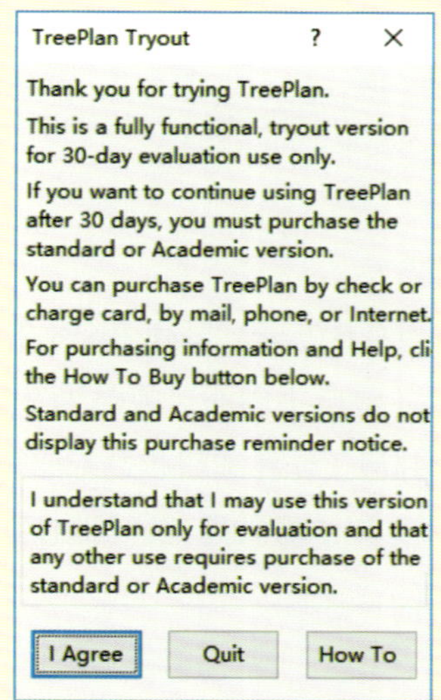

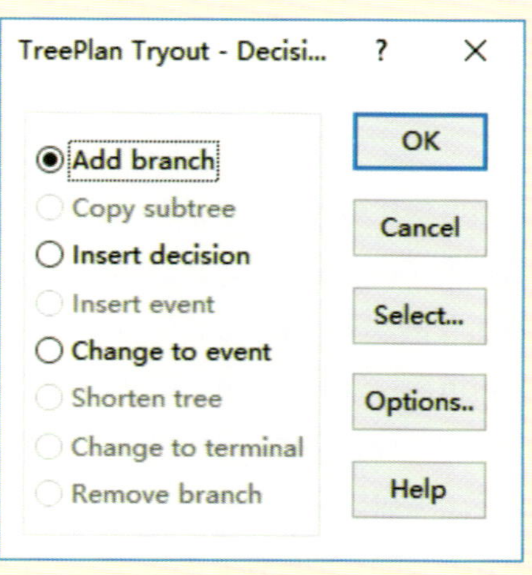

学生答案

在读懂每一个数字之后我构建了自己的关于题目要求的 TreePlan，如下图所示：

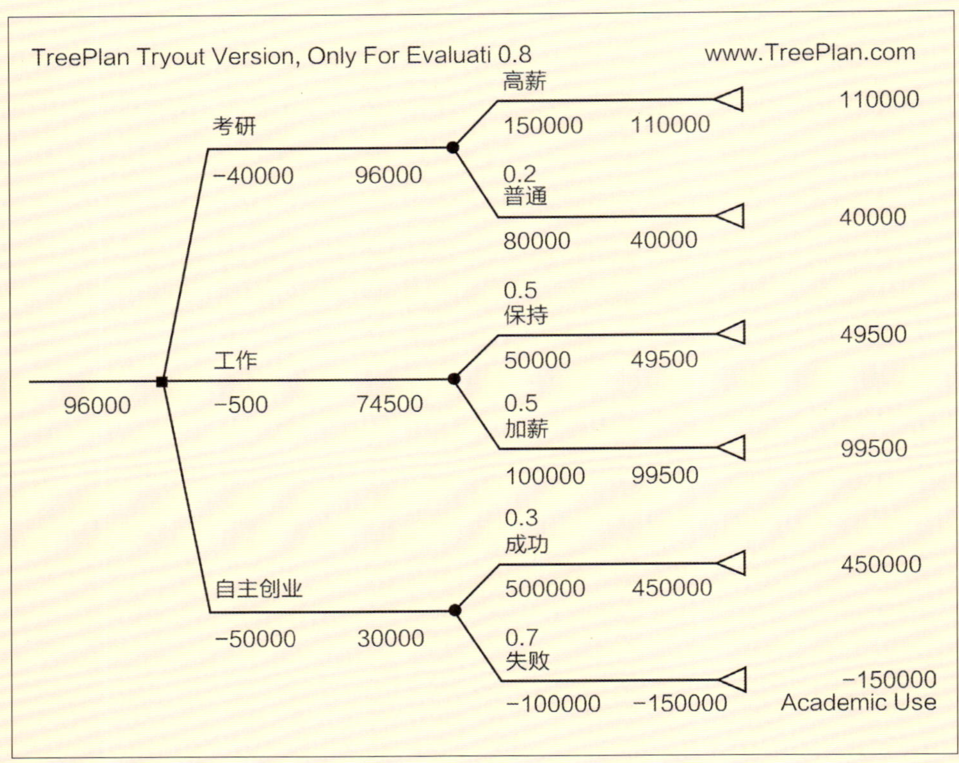

我以最后获利最大为判断的标准来选择最佳方案。

总结：通过该决策树的计算，我的最大收益为 9.6 万元，是读研究生的选择；其次是找工作的选择，收益为 7.45 万元；最后才是自主创业，收益为 3 万元。计算结果告诉我，读书才是对自己最好的选择，并且工作和读研收益都比较稳定。尽管创业有可能赚很多钱，但是失败的风险太大，其结果就是在计算过后，综合的收益比不上考研以及找工作。

最后我的实际选择是读研究生！

教师点评

本科学生通常在大三时就要对毕业之后的生活进行规划。不同的学生想法不同，对各种选择结果的价值评判标准也就不同，什么才是自己的最佳人生规划呢？ TreePlan 可以为你提供帮助！

杨涌全同学用幽默的语言对小杨同学面临的困惑做出了分析，并利用 TreePlan 帮助小杨同学做出了决策——找工作！

吴思奇同学对决策思考的过程、对决策方法的选用叙述得较为详细，最终为自己做出了决策——读研究生！

学生答案

题目二答案

答案一：

公共管理学院　李芳菲　2014141093012

我采用的是层次分析法（Yaahp 方法）。

回想自己当时填报第一志愿时考虑的学校，主要有四所，它们分别是四川大学、同济大学、电子科技大学和华中科技大学，当时考虑的因素主要有学校的知名度、学校所在地的气候环境、考上该校的把握、生活习惯及费用支出和家人的支持程度这五项。

在我自己看来，考上该校的把握是最重要的；因为家庭条件的限制，所以生活习惯及费用支出在其中也占很大的比重；然后就是家人的支持程度和学校的知名度；学校所在地的气候环境对于我来说并没有太大的影响。根据以上情况分析，以 10 分为总分，对以上五项的重要程度打分结果依次为：

学校的知名度：6 分；

学校所在地气候环境：5 分；

考上该校的把握：8 分；

生活习惯及费用支出：7 分；

家人的支持程度：6 分。

由此可以建立两两比较重要性判断矩阵，如下图：

	学校的知名度	学校所在地气候环境	考上该校的把握	生活习惯及费用支出	家人的支持程度
学校的知名度		6/5	6/8	6/7	6/6
学校所在地气候环境			5/8	5/7	5/6
考上该校的把握				8/7	8/6
生活习惯及费用支出					7/6
家人的支持程度					

又将四个学校在每个指标下进行两两比较，分析与比较的结果如下所述。

在当时的我看来，学校的知名度的分值依次为：

四川大学：7 分；同济大学：9 分；电子科技大学：7 分；华中科技大学：8 分。

	四川大学	同济大学	电子科技大学	华中科技大学
四川大学		7/9	7/7	7/8
同济大学			9/7	9/8
电子科技大学				7/8
华中科技大学				

学校所在地气候环境：由于同济大学在上海，气候比较湿润，华中科技大学在武汉，气候比较干燥炎热，电子科技大学与四川大学在成都，加上我本身就是四川人，所以觉得家乡的环境更适合我，并且我不太喜欢武汉炎热的气候，因此分值依次如下：

四川大学：9 分；同济大学：7 分；电子科技大学：9 分；华中科技大学：5 分。

	四川大学	同济大学	电子科技大学	华中科技大学
四川大学		9/7	9/9	9/5
同济大学			7/9	7/5
电子科技大学				9/5
华中科技大学				

考上该校的把握：同济大学招收的分值普遍偏高；华中科技大学比同济大学稍微低一些；由于计算机专业相对热门，因此电子科技大学次之。相对来说，我最有把握的应该是四川大学。因此分值依次如下：

四川大学：9 分；同济大学：6 分；电子科技大学：8 分；华中科技大学：7 分。

	四川大学	同济大学	电子科技大学	华中科技大学
四川大学		9/6	9/8	9/7
同济大学			6/8	6/7
电子科技大学				8/7
华中科技大学				

学生答案

生活习惯及费用支出：由于同济大学在上海，因此生活习惯可能不太适应，并且消费水平比较高，不太适合我的家庭情况；华中科技大学在武汉，生活习惯可能也存在不便；相对来说电子科技大学和四川大学应该比较适合我，因此分值如下：

四川大学：8分；同济大学：5分；电子科技大学：8分；华中科技大学：6分。

	四川大学	同济大学	电子科技大学	华中科技大学
四川大学		8/5	8/8	8/6
同济大学			5/8	5/6
电子科技大学				8/6
华中科技大学				

家人的支持程度：家人是比较支持我在省内读书的，因为他们觉得这样离家比较近，而且他们更愿意我读电子科技大学，因为当时的计算机专业比较热门；而且上海离得太远了，物价也比较贵；武汉主要是距离的原因。因此分值如下：

四川大学：7分；同济大学：5分；电子科技大学：8分；华中科技大学：6分。

	四川大学	同济大学	电子科技大学	华中科技大学
四川大学		7/5	7/8	7/6
同济大学			5/8	5/6
电子科技大学				8/6
华中科技大学				

综上各表进行层次分析，得到结果如下图所示：

四川大学	0.2795
同济大学	0.2175
电子科技大学	0.2784
华中科技大学	0.2246

所以层次分析法的决策结果应该选择四川大学为第一志愿。

但最后的决策结果和实际情况是不吻合的，因为我的第一志愿填报的是电子科技大学，当时主要是抱着冲一冲的态度去的，所以没有将最稳的四川大学填为第一志愿。

最终我还是进入了四川大学！

中间层要素：学校知名度、学校教学资源、学校所在城市、学校所在地气候环境、学校所在地离家距离、成功考上的可能性、专业满意程度、费用支出。

备选方案：上海交通大学、湖南大学、四川大学、山东大学。

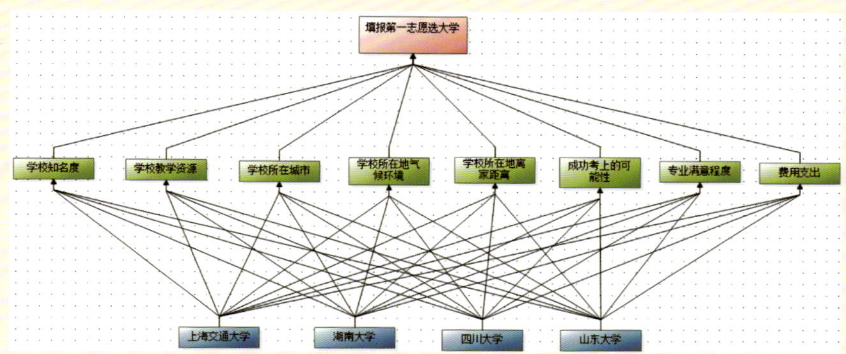

并填写九个判断矩阵如下：

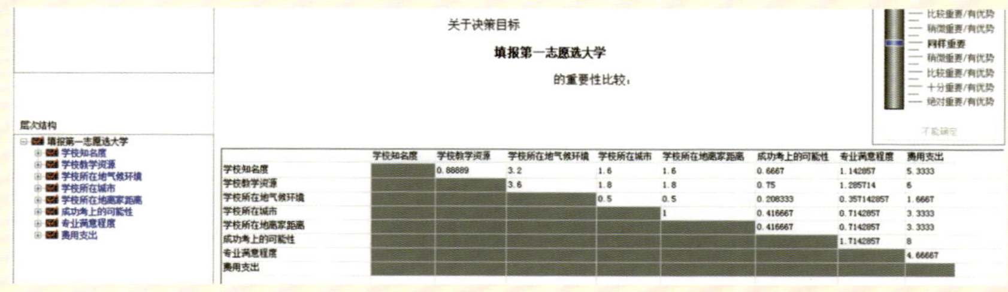

	学校知名度	学校教学资源	学校所在地气候环境	学校所在城市	学校所在地离家距离	成功考上的可能性	专业满意程度	费用支出
学校知名度		0.88889	3.2	1.6	1.6	0.6667	1.142857	5.3333
学校教学资源			3.6	1.8	1.8	0.75	1.285714	6
学校所在地气候环境				0.5	0.5	0.208333	0.357142857	1.6667
学校所在城市					1	0.416667	0.7142857	3.3333
学校所在地离家距离						0.416667	0.7142857	3.3333
成功考上的可能性							1.7142857	8
专业满意程度								4.66667
费用支出								

得到如下计算结果：

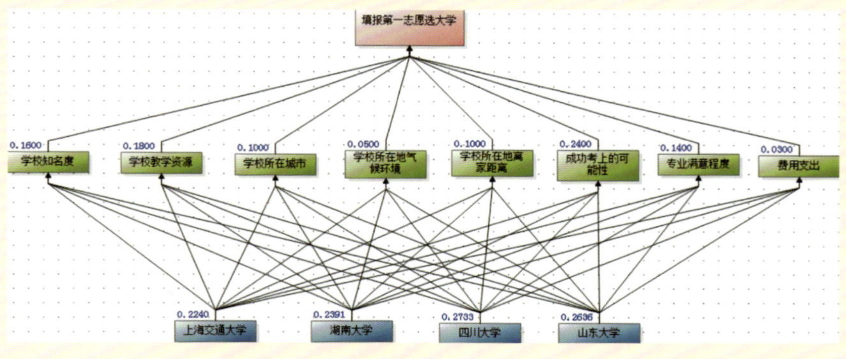

学生答案

由上述结果可知：四川大学的权重为 0.2733 最大，其次为山东大学 0.2636，湖南大学 0.2391，上海交通大学 0.2240。因为四川大学的权重最大，因此在填报志愿时第一志愿应该选择四川大学，其次是山东大学、湖南大学、上海交通大学。

结果分析：

1. 上述两种方法最后得出的结果都是一致的，即 四川大学权重 > 山东大学权重 > 湖南大学权重 > 上海交通大学权重。且最后的实际结果和决策结果一致，非常吻合。

2. 主要原因是在我考虑的八大因素当中四川大学在知名度、教学资源方面与其他 3 所大学相差不大，但是在考取成功率上却远远高于上海交通大学和湖南大学，而成功可能性所占比重又相当大，致使选取四川大学要优于上海交通大学和湖南大学；成功可能率所占比例较大，在八个因素当中成功可能率为 0.24，而且四川大学和山东大学相比于上海交通大学和湖南大学在成功可能率这个因素当中优势更大，更容易成为最优决策；

3. 对于各方面都不错的上海交通大学，在费用支出上稍高于其他三所，但是费用支出的重要程度对于我来说很小，因此在这方面上海交通大学没有优势，而在最重要的因素成功可能性上，上海交通大学却是 4 所大学里面最低的，因而当作第一志愿填报的话，失败的风险很大，故而不是一个最优决策。

4. 而对于成功率稍大的山东大学，由于其离家距离和教学资源稍弱，其他方面与四川大学相差不大，因此两者比较时，四川大学将会更突出，故而在四所大学当中，四川大学处于最优选择，而这也正符合实际情况。

最后我如愿考上了四川大学！

教师点评

高考填报志愿是很多考生及家长纠结的事情。如何考上一所满意的大学，需要考虑的因素太多，所以要多方权衡，因此，多目标决策方法可以帮助你。

李芳菲同学对层次分析法运用非常熟练，对相关因素的比较也很客观，尽管决策的结果是四川大学，但填报志愿时冲了自己最心仪的电子科技大学，在高考平行志愿填报的方式下也是一种很好的决策行为。最后被四川大学录取，也是符合决策结果的。

康熙同学尝试了两种方法来帮助自己选择填报第一志愿的学校，殊途同归，都指向了四川大学，最后如愿以偿！同时她对结果的分析也非常详尽，进一步说明了决策结果的合理性。

设施规划与物流分析
课程号：402428030

课程简介

“设施规划与物流分析”是工业工程专业一门重要的主干专业课程。设施规划是工业工程学科公认的重要研究领域之一。课程核心内容：分析研究生产系统采购物流、生产物流、销售物流、回收物流、废弃物流；设施规划特别是其中的工厂设计着重研究工作总平面布置、车间布置及物料搬运等内容，其目的是通过对工厂各组成部分相互关系的分析，进行合理布置，得到高效运行的生产系统，获得最佳的经济效益和社会效益。

郑建国/四川大学商学院

郑建国，获第一届（2011 年度）“四川大学课堂教学质量优秀奖”；获第二届（2012 年度）“四川大学课堂教学质量优秀奖”；2012 年，获“四川大学新世纪教学改革研究”二等奖；2014 年，获“四川大学大学生课外科技实践活动优秀指导教师”；2015 年，获“四川大学大学生课外科技实践活动优秀指导教师”；2016 年，获四川大学“学术型社团指导教师标兵奖”；2017 年，获第二届“四川省大学生工业工程创新应用案例大赛优秀指导老师”称号。

教学模式创新
与非标准答案考试

四川大学商学院　郑建国

为了建设“双一流”研究型大学，人才培养的目标应该是具有创新思维与创新能力的高素质的学科或行业领军人物。在大学人才培养过程中，考试是检验教师教学质量与学生学习质量的重要教学环节，是促进学生自主学习的“指挥棒”。传统的标准化考试试题一般不超出教材范围，一般只有一个答案，学生通过期末突击、死记硬背往往可以过关，这就导致了一些学生在学习过程中缺乏自主学习、缺乏独立思考、缺乏批判性思维能力，最终导致学生缺乏创新思维能力。实施非标准化考试是一项重大教学改革，由于试题可以超出教材范围，不是唯一的答案，也没有现成的答案，具有探究性、发散性与开放性，可有效促使学生综合运用所学知识去思考、去想像、去发挥，对于挖掘学生学习潜能、培养学生的创新思维与创新能力具有良好的导向作用。实施非标准化考试又反过来促使教师改革课堂教学，不能“照本宣科”，不能“满堂灌”，而要实施启发式研究型教学，培养学生独立思考、大胆质疑、敢于提问的良好学风。

达成非标准答案考试目标，个人认为需实现两个转变。

创新现代教学模式，从“点点滴滴知识传授”到“启发、引导、激发学生学习专业技能”的转变。

以前我会因为教材的一点内容没有讲到而愧疚；近 6 年，我发现书本以外的知识也非常重要。老师的作用是“抛砖引玉”，启发、引导、激发学生的学习积极性，让他们利用课余时间去猎取更多的知识技能。实施“非标准答案考试”，教师面临很大的挑战，除了自身要有深厚的基础及专业知识，更要熟悉教学领域前沿，要摒弃一本教材教几届学生的历史；同时还要参与科研及企业实践。

改革考试模式，从“临阵磨枪”到“厚积薄发”的转变。

首先，强化课堂教学的过程评价，包括从第一节课到期末考试的每次课前预习、课堂专题互动讨论、课后查阅专业文献、课后作业、课余专题调研及报告、随堂即兴测验、线上（QQ、微信）讨论情况，还有对没有弄懂的知识查漏补缺，都按一定比例计入总成绩，激励学生主动参与学习的全过程。其次，标准与非标准考核相结合、个人与团队成绩相结合。最后，评价学生独立思考了多少、领会了多少。

课程成绩的评价是勤思考，而不是背了多少书本内容。考查重点：学生是否具备独立思考能力，是否具备查阅相关专业文献的能力，是否具备专题报告能力、团队协作能力和创新能力，而不是要求学生找一个标准的答案。采用非标准答案考试，如果学生对学科领域知识没有充分了解，即使翻书都无从着手。过程考核和期末的非标准化考试非常有利于激发学生的学习兴趣，提高学生的学习成效。

非标准答案考试使学生从知识的“被动接受者”变为课堂的“主角”，破除“高分低能”积弊，培养“真学、勤思考、基础知识与专业融会贯通”的优秀人才！

考试题目

题目：

公司采购物流——俄亥俄工具公司供应商的选择

试题说明：

俄亥俄工具公司设计出了一种新机器，估计投产后年销售额约20万美元，其最大优点在于一个独特的凸轮部件，使操作者能够快速调整设备。

为了实现机器设计方案的优势，每台机器需要的两个凸轮的制造公差要求很小。因为几个不同圆心的表面加工困难，并且在中央的直径上需要一个完整的定位键，所以不容易由实心棒料加工该零件。加工的可能方法限定了铸件的类型。可以考虑的铸造材料是铝、锌和铁。铝和铁的砂型铸造肯定不行，因为砂型铸造满足不了凸轮的精度要求，而且对该铸件进行机械加工提高精度非常困难。铝和铁的模型铸造也不能采用，因为要使模型铸件与模具分离，铸件表面必须有一定的斜度。这样需要通过机械加工来提供所需要的表面，同样面临着加工困难的问题。生产该零件的另一个可能的办法是粉末冶金。这是一种先将金属颗粒利用高压在金属模具中成形，然后在高温下熔合成实心金属零件的一种工艺。

俄亥俄工具公司确定了三个可能的供应商。

供应商A：

位于1000英里以外，是粉末冶金领域的巨头之一。俄亥俄工具公司去年向该供应商采购过另一产品的零件，但该供应商不能按时交货。供应商A经长途电话多次许下交货承诺，但到采购经理跑到该厂催货，零件还是晚了三个月才交货。由于该零件交货延误，产品的其他零件不得不搁置一旁，一些工人也被暂时解雇。此外，该延误致使俄亥俄工具公司向顾客赔偿了违约金，这也是一笔不小的损失。供应商A提出如下报价（见表1）。

表1　供应商A的报价

数量（件）	单价（美元/件）	备　注
5000	0.186	模具成本1968美元，交货期约10周，具体时间取决于作业排序 （以上报价不包括单位运输成本0.012美元，也不包括俄亥俄工具公司对凸轮的单位机加工成本0.05美元）

供应商 B：

距俄亥俄工具公司 300 英里，相对来说，是粉末冶金领域的新手。公司经理任职时间不长，但曾在一家老公司积累了丰富经验。俄亥俄工具公司过去与供应商 B 合作很愉快。作为对报价要求的答复，供应商 B 建议放宽几个尺寸的公差要求，因为其工人不能按指定的公差加工零件。但是，俄亥俄工具公司的工程部认为要发挥凸轮的关键作用就必须按原定公差制造。该信息反馈给供应商 B 后，供应商 B 表示退出报价。

供应商 C：

距俄亥俄工具公司 900 英里。俄亥俄工具公司以前没有同它做过生意，但这次也希望它能就凸轮报价。供应商 C 是一家大型汽车公司的一个附属公司，在技术上有很好的声誉。该汽车公司正考虑在汽车生产线上采用几个粉末金属零件。供应商 C 报价如下（见表 2）。

表 2　供应商 C 的报价

数量（件）	单价（美元／件）	备　注
5000	0.186	模具成本 890 美元，交货期约 10 周 （以上报价不包括单位运输成本 0.012 美元）
10000	0.185	
20000	0.183	

供应商 C 的报价方案中，所交凸轮的一个表面有一处凸起，需要俄亥俄工具公司进行机加工才能保证零件性能。尽管在这种情况下需要专业加工技术，但是，俄亥俄工具公司估计每批订货超过 5000 件的时候，每件再花 0.06 美元就能去掉这个凸起。

俄亥俄工具公司考虑到供应商 B 的供货情况一直很好，采购经理觉得有必要努力再次争取供应商 B 的报价。因此，采购经理亲临该厂讨论这一问题，并且了解到该厂能够进一步提高中心孔的精度，这样几乎可以保证凸轮外径表面的累积误差满足指定公差要求。工程部同意相应修改零件图，允许针对凸轮表面适当放宽公差要求。在这个基础上，供应商 B 提出新一轮报价（见表 3）。

表 3　供应商 B 的报价

数量（件）	单价（美元 / 件）	备　注
5000	0.5	模具成本 1350 美元，交货期 10~12 周（以上报价不包括单位运输成本 0.005 美元）
10000	0.4	
20000	0.32	
50000	0.275	

该报价包含了对零件图的相应修改，也就是供应商 B 负责对零件的机加工，加工成本已包含在报价中。至此，报价全部收到，机器其他零件的制造也都有了保证，最终装配安排在 12 周之后。

评审以上三个报价，很明显供应商 B 的成本相对较高。采购经理电话通知供应商 B 要求对其成本进行复审。修改后的报价单如下（见表 4）。

表 4　供应商 B 新的报价

数量（件）	单价（美元 / 件）	备　注
5000	0.45	模具成本 1350 美元，交货期 10~12 周（以上报价不包括单位运输成本 0.005 美元）
1000	0.37	
20000	0.32	
50000	0.275	

请问：俄亥俄工具公司综合三家供应商的报价及其条件，最终会选择哪一家供应商?

学生答案

答案一：

商学院　吴　迪　2015141082036

1. 供应商 A 情况及报价

行业地位：粉末冶金巨头

地理位置：>1000 英里

供货历史：有延迟交货历史，造成俄亥俄公司极大损失

供应商 A 报价表

数量（件）	单价（美元 / 件）	模具成本（美元）	交货期（周）	单件运输成本（美元 / 件）	单件机加工成本（美元 / 件）
5000	0.186	1968	约 10	0.012	0.05

报价总计：

5000×（0.186+0.012+0.05）+1968=3208 美元（5000 件订货批量）

［5000×（0.186+0.012+0.05）+1968］×2=6416 美元（10000 件）

［5000×（0.186+0.012+0.05）+1968］×4=12832 美元（20000 件）

［5000×（0.186+0.012+0.05）+1968］×10=32080 美元（50000 件）

2. 供应商 B 情况及报价

行业地位：粉末“冶金新手”

地理位置：300 英里

供货历史：合作愉快

管理者：曾在大公司任职，具有丰富经验

供应商 B 报价表

数量（件）	单价（美元 / 件）	模具成本（美元）	交货期（周）	单件运输成本（美元 / 件）
5000	0.5	1350	10 ~ 12	0.005
10000	0.4	1350	10 ~ 12	0.005
20000	0.32	1350	10 ~ 12	0.005
50000	0.275	1350	10 ~ 12	0.005

（其中已包含零件图修改，即供应商 B 对零件的机加工成本）

报价总计：

5000×（0.5+0.005）+1350=3875 美元（5000 件订货批量）

10000×（0.4+0.005）+1350=5400 美元（10000 件订货批量）

20000×（0.32+0.005）+1350=7850 美元（20000 件订货批量）

50000×（0.275+0.005）+1350=15350 美元（50000 件订货批量）

3. 供应商 C 情况及报价

行业地位：大型汽车公司附属公司，具有良好技术声誉

地理位置：900 英里

供货历史：无合作历史

供应商 C 报价表

数量（件）	单价（美元 / 件）	模具成本（美元）	交货期（周）	单件运输成本（美元 / 件）
5000	0.186	890	约 10	0.012
10000	0.185	890	约 10	0.012
20000	0.183	890	约 10	0.012

（产品有一凸起，需俄亥俄工具公司机加工去除）

（每批次 >5000 件，单位机加工成本：0.06 美元 / 件可去除凸起）

报价总计：5000×（0.186+0.012+0.06）+890=2180 美元（5000 件订货批量）

学生答案

10000×（0.185+0.012+0.06）+890=3460 美元（10000 件订货批量）

20000×（0.183+0.012+0.06）+890=5990 美元（20000 件订货批量）

5990×2+3460=15440 美元 （50000 件订货批量）

4. 供应商 A、B、C 价格汇总表

报价汇总表

数量（件）	供应商 A（美元）	供应商 B（美元）	供应商 C（美元）
5000	3208	3875	2180
10000	6416	5400	3460
20000	12832	7850	5990
50000	32080	15350	15440

通过以上梳理及计算可知：

在产品质量方面，供应商 B 由于技术水平的限制，所生产零件需放宽公差才可以使累计误差达到要求；供应商 A、C 虽然都需要俄亥俄工具公司对零件进一步机加工，但可以保证相对较高的产品质量。

在技术水平方面，供应商 A 掌握着行业领先的技术；供应商 C 作为大型汽车企业的附属公司，技术声誉好，在生产层面，由于要在汽车部件上采用几个粉末冶金部件，应当对该技术也有一定掌握；供应商 B 由于是“新手”，技术上有所落后。

在价格方面，供应商 A、C 5000 批量单价相差不大，供应商 B 单价较高，在 5000 件时总价高于供应商 A、C。但通过计算，在超过 10000 件时，供应商 B 总价低于供应商 A。供应商 C 总价始终保持最低。

在地理位置方面，供应商 A>1000 英里，供应商 B 为 300 英里，供应商 C 为 900 英里。相对来说，供应商 B 具有地理位置上的优势，与俄亥俄工具公司沟通联系更为方便，运输快捷便利。

在准时交货及供货可靠性性方面，供应商 A 曾有延迟交货的不良记录，并给俄亥俄工具公司带来了损失；与供应商 B 的合作非常愉快，说明其供货可靠准

时；与供应商 C 无合作历史，应当通过调查其与其他公司的合作情况来做出判断。

在企业影响力方面，供应商 A 是粉末冶金行业巨头，掌握着行业领先的技术；供应商 B 是新手，但其管理者经验丰富；供应商 C 是大型汽车企业的附属公司，技术声誉好。

5. 基于 AHP 及模糊综合评价对供应商评分

多层次评价模型（AHP）。

供应商评价总目标（A）。

（*B*1）技术水平

（*B*2）产品质量

（*B*3）价格

（*B*4）地理位置

（*B*5）准时交货

（*B*6）企业影响力

判断矩阵

A−*Bi*	*B*1	*B*2	*B*3	*B*4	*B*5	*B*6
*B*1	1	1	3	6	4	7
*B*2	1	1	4	7	4	8
*B*3	1/3	1/4	1	5	3	6
*B*4	1/6	1/7	1/5	1	2/3	2
*B*5	1/4	1/4	1/3	3/2	1	4
*B*6	1/7	1/8	1/6	1/2	1/4	1

单一准则下元素相对权重及其一致性检验。

（1）A−*Bi* 元素按行相乘，所得积 6 次开方。

（2.8210，3.1049，1.3991，0.4303，0.7071，0.2682）*T*

（2）方根向量归一化（利用和积法）。

W=（0.3231，0.3556，0.1603，0.0493，0.0810，0.0307）*T*

学生答案

（3）计算判断矩阵最大特征值 λ。

（A−*Bi*）×$W=\lambda\times W$

K2 {=MMULT(B2:G7,I2:I7)}

	A	B	C	D	E	F	G	H	I	J	K
1	A-Bi	B1	B2	B3	B4	B5	B6				
2	B1	1	1	3	6	4	7		0.3231		1.9943
3	B2	1	1	4	7	4	8		0.3556		2.2346
4	B3	1/3	1/4	1	5	3	6		0.1603		1.0306
5	B4	1/6	1/7	1/5	1	2/3	2		0.0493		0.30141
6	B5	1/4	1/4	1/3	1 1/2	1	4		0.081		0.500858
7	B6	1/7	1/8	1/6	1/2	1/4	1		0.0307		0.192924
8											
9											
10											

矩阵计算相关函数 =MMULT（*B2* ：*G7*，I2 ：I7）

（A−*Bi*）×*W*=（1.9943，2.2346，1.0306，0.3014，0.5009，0.1929）*T*

W=（0.3231，0.3556，0.1603，0.0493，0.0810，0.0307）*T*

λ=1/6×（1.9943/0.3231+…+0.1929/0.0307）=6.244

（4）进行一致性检验。

a. 计算一致性指标 *Ci*。

Ci=（$\lambda-n$）/（$n-1$）=（6.2444−6）/（6−1）=0.04888

b. 计算一致性比例 *Cr*。

Cr=*Ci*/*Ir*=0.04888/1.24=0.0394<0.1

Cr<0.1，具有良好一致性。

判断矩阵的随机一致性指标

Coincidence index of judgment matrix

n	1	2	3	4	5	6	7	8	9
I_R	0	0	0.58	0.9	1.12	1.24	1.32	1.44	1.45

6. 模糊综合评价

建立因素集与评价集：

U=（*U*1，*U*2，*U*3，*U*4，*U*5，*U*6）

分别对应（*B*1）技术水平、（*B*2）产品质量、（*B*3）价格、（*B*4）地理位置、（*B*5）准时交货、（*B*6）企业影响力

V=（*v*1，*v*2，*v*3，*v*4，*v*5）

因素分值范围

等级	分数范围	组中值
好（$v1$）	90 ~ 100	95
较好（$v2$）	70 ~ 90	80
一般（$v3$）	60 ~ 70	65
较差（$v4$）	40 ~ 60	50
差（$v5$）	0 ~ 40	20

模糊综合评判数学模型

根据问卷获得三个供应商的评价矩阵 $\boldsymbol{R}_a$，$\boldsymbol{R}_b$，$\boldsymbol{R}_c$。

供应商 A

0.6143	0.3857	0	0	0
0.5714	0.4286	0	0	0
0.0824	0.1524	0.5491	0.2161	0
0	0	0.2154	0.5123	0.2723
0	0	0	0.8571	0.1429
0.6833	0.2322	0.0845	0	0

$\boldsymbol{R}_a$（供应商 A 评价矩阵）

$\boldsymbol{B}_a=W\times\boldsymbol{R}_a$:

A12 fx {=MMULT(A1:F1,A4:E9)}

	A	B	C	D	E
1	0.3231	0.3556	0.1603	0.0493	0.081
2					
3					
4	0.6143	0.3857	0	0	0
5	0.5714	0.4286	0	0	0
6	0.0824	0.1524	0.5491	0.2161	0
7	0	0	0.2154	0.5123	0.2723
8	0	0	0	0.8571	0.1429
9	0.6833	0.2322	0.0845	0	0
10					
11					
12	0.4358562	0.30858809	0.1012341	0.12932232	0.02499929
13					

学生答案

$G_a = B_a' \times VT$=（0.4359，0.3086，0.1012，0.1293，0.0250）×（95，80，65，50，20）T=79.6415

供应商 A 综合得分为 79.6415，评价等级为较好。

供应商 B

0	0.2645	0.5633	0.1722	0
0	0.2131	0.6423	0.1446	0
0.1131	0.4174	0.2532	0.1312	0.0851
0.8244	0.1756	0	0	0
0.6142	0.3115	0.0743	0	0
0	0.4344	0.5656	0	0

R_b（供应商 B 评价矩阵）

$B_b = W \times R_b$

E12 {=MMULT(A1:F1, A4:E9)}

	A	B	C	D	E
1	0.3231	0.3556	0.1603	0.0493	0.081
2					
3					
4	0	0.2645	0.5633	0.1722	0
5	0	0.2131	0.6423	0.1446	0
6	0.1131	0.4174	0.2532	0.1312	0.0851
7	0.8244	0.1756	0	0	0
8	0.6142	0.3115	0.0743	0	0
9	0	0.4344	0.5656	0	0
10					
11					
12	0.10852305	0.27537219	0.47437429	0.12808894	0.01364153
13					

B_b=（0.1085，0.2754，0.4744，0.1281，0.1364）

B_b 归一化得 B_b' =（0.1085，0.2754，0.4744，0.1281，0.1364）

$G_b = B_b' \times VT$=（0.1085，0.2754，0.4744，0.1281，0.1364）×（95，80，65，50，20）T=79.6415

供应商 B 综合得分为 72.3085，评价等级为较好。

供应商 C

0.6032	0.3968	0	0	0
0.5822	0.4039	0.0139	0	0
0.7121	0.2316	0.0563	0	0
0.0361	0.1521	0.4633	0.3485	0
0.1312	0.2413	0.4414	0.1861	0
0.5414	0.2142	0.2444	0	0

$\boldsymbol{R}_{\mathrm{C}}$（供应商 C 评价矩阵）

$\boldsymbol{B}_{\mathrm{C}}=W\times\boldsymbol{R}_{\mathrm{C}}$

A12　{=MMULT(A1:F1,A4:E9)}

	A	B	C	D	E
1	0.3231	0.3556	0.1603	0.0493	0.081
2					
3					
4	0.6032	0.3968	0	0	0
5	0.5822	0.4039	0.0139	0	0
6	0.7121	0.2316	0.0563	0	0
7	0.0361	0.1521	0.4633	0.3485	0
8	0.1312	0.2413	0.4414	0.1861	0
9	0.5414	0.2142	0.2444	0	0
10					
11					
12	0.54510178	0.34257817	0.0800649	0.03225515	0

$\boldsymbol{B}_{\mathrm{C}}$=（0.5451，0.3426，0.0801，0.0323，0）

$\boldsymbol{B}_{\mathrm{C}}$ 归一化得 $\boldsymbol{B}_{\mathrm{C}}'$ =（0.5451，0.3426，0.0801，0.0323，0）

$G_{\mathrm{C}}=\boldsymbol{B}_{\mathrm{C}}'\times VT$=（0.5451，0.3426，0.0801，0.0323，0）×（95，80，65，50，20）T=86.014

供应商 C 综合得分为 86.014，评价等级为更好。

结论：选择供应商 C。

学生答案

答案二：

商学院　许建诚　2015141082038

物流案例分析
俄亥俄工具公司供应商的选择

1. 供应商信息整理

我们首先分析俄亥俄公司对供应商的需求，再经过对案例信息的整理，对比供应商之间的区别。

俄亥俄工具公司情况介绍

俄亥俄工具公司设计出了一种新机器，估计投产后年销售额约 20 万美元，其最大优点在于一个独特的凸轮部件，使操作者能够快速调整设备。

为了实现机器设计方案的优势，每台机器需要的两个凸轮的制造公差要求很小。加工的可能方法限定了铸件的类型。可以考虑的铸造材料是铝、锌和铁。铝和铁的砂型铸造肯定不行，而且对该铸件进行机械加工提高精度非常困难。铝和铁的模型铸造也不能采用。这样，需要通过机械加工来提供所需要的表面，同样面临着加工困难的问题。生产该零件的另一个可能的办法是粉末冶金。

供应商 A

位于 1000 英里以外，是粉末冶金领域的巨头之一。俄亥俄工具公司去年向该供应商采购过另一产品的零件，但该供应商不能按时交货。供应商 A 经长途电话多次许下交货承诺，但直到采购经理跑到该厂催货，零件还是晚了三个月才交货。由于该零件交货延误，产品的其他零件不得不搁置一旁，一些工人也被暂时解雇。此外，该延误致使俄亥俄工具公司向顾客赔偿了违约金，这也是一笔不小的损失。

供应商 B

距俄亥俄工具公司 300 英里，相对来说，是粉末冶金领域的新手。公司经理任职时间不长，但曾在一家老公司积累了丰富经验。俄亥俄工具公司过去与供应商 B 合作很愉快。采购经理亲临该厂讨论这一问题，并且了解到该厂能够进一步提高中心孔的精度，这样几乎可以保证凸轮外径表面的累积误差满足指定公差要求。工程部同意相应修改零件图，允许凸轮表面适当放宽公差要求。

供应商 C

距俄亥俄工具公司 900 英里。俄亥俄工具公司以前没有同它做过生意，但这次也希望它能就凸轮报价。供应商 C 是一家大型汽车公司的一个附属公司，在技术上有很好的声誉。该汽车公司正考虑在汽车生产线上采用几个粉末金属零件。

学生答案

对供应商的分析

供应商对比表

	供应商 A	供应商 B	供应商 C
技术水平	高	中	中
产品质量	高	高	未知
供应能力	差	强	强
价格	低	高	低
地理位置	1000 英里	300 英里	900 英里
可靠性	低	高	中
是否需要再加工	是	否	否
交货周期	10 周	10 ~ 12 周	10 周
快速响应能力	弱	强	强
信誉度	弱	强	强

2. 成本计算与对比

经过对需求量的简单分类，计算出各个供应商的成本，并进行对比。

供应商价格信息

计算公式：供应商成本 = 零件数 ×（零件价格 + 运输价格 + 再加工费用）+ 模具成本

供应商 A

零件价格：

0.186 美元 / 件（5000）

运输价格：

0.012 美元 / 件

再加工费用：

0.05 美元 / 件

模具成本：

1968 美元

供应商 B

零件价格：

0.45 美元 / 件（5000 件）

0.37 美元 / 件（10000 件）

0.32 美元 / 件（20000 件）

0.275 美元 / 件（50000 件）

运输价格：

0.005 美元 / 件

再加工费用：0

模具成本：

1350 美元

供应商 C

零件价格：

0.186 美元 / 件（5000 件）

0.185 美元 / 件（10000 件）

0.183 美元 / 件（20000 件）

运输价格：

0.012 美元 / 件

再加工费用：

0.06 美元 / 件

模具成本：

890 美元

各分类下供应商的成本计算（单位：美元）

	第一类	第二类	第三类	第四类
供应商 A	2983	3998	6028	12118
供应商 B	3625	5100	7850	15350
供应商 C	2165	3460	6050	13790

第一类需求量：5000 ~ 10000 件（以 5000 件进行计算）

第二类需求量：10000 ~ 20000 件（以 10000 件进行计算）

学生答案

第三类需求量：20000 ~ 50000 件（以 20000 件进行计算）

第四类需求量：50000 件以上（以 50000 件进行计算）

各分类下供应商的成本对比

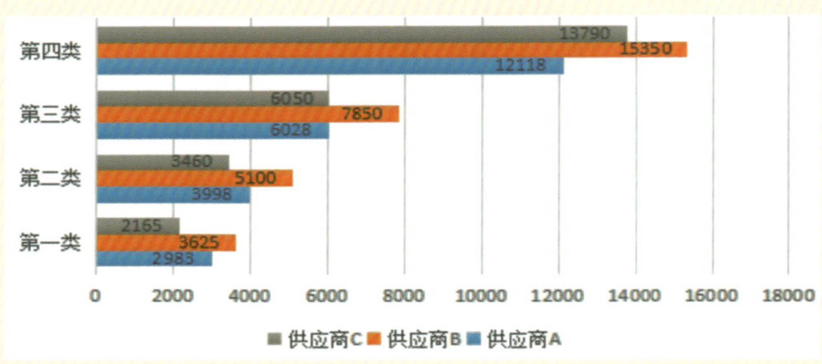

结论：

需求量在 5000 ~ 10000 件之间时，供应商 C 的总成本最低。在需求量在 10000 ~ 20000 件之间时，供应商 C 成本最低。在需求量在 20000 ~ 50000 件之间时，供应商 A 成本最低。在需求量大于 50000 件时，供应商 A 总成本最低。四个分类中，供应商 B 的成本是最高的。

3. 模糊综合评价

运用系统工程中的知识——模糊综合评价对供应商进行分析。

模糊综合评价的步骤

第一步：建立多层次评价模型

A−Bi	$B1$	$B2$	$B3$	$B4$	$B5$	$B6$
$B1$	1	1	3	6	4	7
$B2$	1	1	4	7	4	8
$B3$	1/3	1/4	1	5	3	6

续上表

A−Bi	B1	B2	B3	B4	B5	B6
B4	1/6	1/7	1/5	1	2/3	2
B5	1/4	1/4	1/3	3/2	1	4
B6	1/7	1/8	1/6	1/2	1/4	1

（B1）技术水平　（B2）产品质量　（B3）价格
（B4）地理位置　（B5）准时交货　（B6）企业影响力

第二步：计算权重

（1）A−Bi 元素按行相乘，将所得积开 6 次方（求几何平均数）

（2.8210，3.1049，1.3991，0.4303，0.7071，0.2682）T

（2）方根向量归一化（利用和积法）

W（权重）=（0.3231，0.3556，0.1603，0.0493，0.0810，0.0307）T

判断矩阵的随机一致性指标
Coincidence index of judgment matrix

n	1	2	3	4	5	6	7	8	9
I_R	0	0	0. 58	0. 9	1. 12	1. 24	1. 32	1. 44	1. 45

（3）判断一致性：

①计算并判断矩阵最大特征值 λ

公式：（A−Bi）× W=λ × W

②一致性检验

a. 计算一致性指标 Ci：

Ci=（λ−n）/（n−1）=（6.2444−6）/（6−1）=0.04888

b. 计算一致性比例 Cr

Cr=Ci/Ir=0.04888/1.24=0.0394<0.1

Cr<0.1，所以矩阵具有良好一致性。

学生答案

第三步：模糊综合评价

设置评价集：*V*=（*v*1，*v*2，*v*3，*v*4，*v*5）

等级	分数范围	组中值
好（*v*1）	90 ~ 100	95
较好（*v*2）	70 ~ 90	80
一般（*v*3）	60 ~ 70	65
较差（*v*4）	40 ~ 60	50
差（*v*5）	0 ~ 40	20

设置因素集：*U*=（*U*1，*U*2，*U*3，*U*4，*U*5，*U*6）

分别对应：***B***=（*B*1，*B*2，*B*3，*B*4，*B*5，*B*6）

分值计算步骤：

①依据问卷调查结果，得出因素集所得分值所属分段在调查总体中所占比例，列出评价矩阵 ***R***。

②以权重乘以评价矩阵，计算出模糊综合评判的数学模型。

公式：***B***=*W*×***R***

③以 ***B*** 矩阵乘以组中值的转置矩阵，计算出最后得分。

G=***B***×*VT*（组中值）

供应商 A 得分计算

供应商 A 的评价矩阵 ***R*** 如下图。

	A	B	C	D	E	F
1		v1	v2	v3	v4	v5
2	U1	0.6143	0.3857	0	0	0
3	U2	0.5714	0.4286	0	0	0
4	U3	0.0824	0.1524	0.5491	0.2461	0
5	U4	0	0	0.2154	0.5123	0.2723
6	U5	0	0	0	0.8571	0.1429
7	U6	0.6833	0.2322	0.0845	0	0

$\boldsymbol{B}_a=W\times\boldsymbol{R}_a=$（0.4359，0.3086，0.1012，0.1293，0.0250）

$G_a=\boldsymbol{B}_a\times VT=79.6415$

供应商 B 得分计算

供应商 B 的评价矩阵 $\boldsymbol{R}$ 如下图。

	A	B	C	D	E	F
1		v1	v2	v3	v4	v5
2	U1	0	0.2645	0.5633	0.1722	0
3	U2	0	0.2131	0.6423	0.1446	0
4	U3	0.1131	0.1524	0.5491	0.1312	0.0851
5	U4	0.8244	0	0	0	0
6	U5	0.6142	0.3155	0.0743	0	0
7	U6	0	0.4344	0.5656	0	0

$\boldsymbol{B}_b=W\times\boldsymbol{R}_b=$（0.4359，0.3086，0.1012，0.1293，0.0250）

$G_b=\boldsymbol{B}_b\times VT=72.3085$

供应商 C 得分计算

供应商 C 的评价矩阵 $\boldsymbol{R}$ 如下图。

	A	B	C	D	E	F
1		v1	v2	v3	v4	v5
2	U1	0.6032	0.3968	0	0	0
3	U2	0.5822	0.4039	0.0139	0	0
4	U3	0.7121	0.2316	0.0563	0	0
5	U4	0.0361	0.1521	0.4633	0.3485	0
6	U5	0.1312	0.2413	0.4414	0.1861	0
7	U6	0.5414	0.2142	0.2444	0	0

$\boldsymbol{B}_c=W\times\boldsymbol{R}_c=$（0.4359，0.3086，0.1012，0.1293，0.0250）

$G_c=\boldsymbol{B}_c\times VT=86.014$

学生答案

结果显示：供应商 C 得分 > 供应商 A 得分 > 供应商 B 得分。

看起来最可靠的供应商 B 怎么分值最低?

本案例中模糊综合评价的局限性：

01

受主观因素影响较大，由于资料不全，层次划分是由学生主观划分的。实际情况中，层次划分需要专家进行划分。

02

统计数据较少，需要较多样本，受极值影响较大。且给予供应商打分的是同学，实际中应寻求专家或管理者进行打分。

03

层次评价划分较少，资料不能给出完全的信息。可能导致影响因素不全。

4. 供应商选择

综合以上结论，选择适合俄亥俄工具公司的供应商。

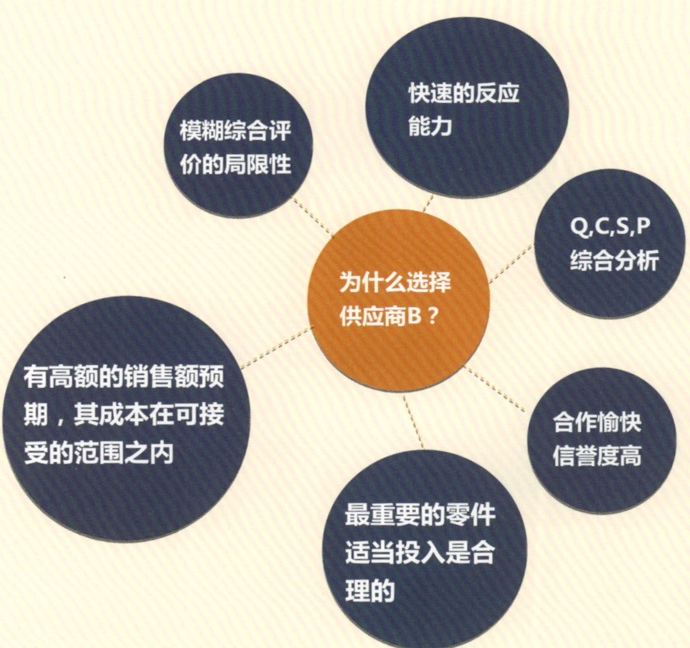

教师点评

非标准答案考试，注重过程学习、交流、研究专业课的相关主题；非标准答案考试可以更好地激发学生查阅高水平学术刊物的兴趣，培养学生采用教材没有介绍的多种方法、软件技术来解析实际问题的能力。除了本题目，我还给出了其他题目供学生分析、解答。同学们做了相关 PPT 并在课堂做专题报告，在专业课学习中获得了较多锻炼，提高了专业技能。

一、课堂案例报告、讨论示例

学生课堂案例报告分享、讨论视频之一

学生课堂案例报告分享、讨论视频之二

学生课堂案例报告分享、讨论视频之三

二、配合课程学习的课外调查

配合“探究式—小班化”教学改革，2017年5月12日（星期五下午），2015级工业专业吴迪（学号：2015141082036）、常英涵（学号：2015141082001）、许建诚（学号：2015141082038）在双流县农业局调研草莓物流经济。

理科
LIKE

微积分（I）-1

课程号：201137050

课程简介

“微积分”是我校一门覆盖文、理、工、医非数学类专业的学生，多学时、高学分的公共基础课程。教学目标是培养学生的抽象思维能力、逻辑推理能力、空间想象能力和综合运用所学知识分析问题和解决问题的能力，提高学生的数学科学修养和综合素质，帮助学生掌握微积分最基本的知识、方法、技巧与应用，为学好后续课程打下牢固、坚实的基础。

牛健人／四川大学数学学院

牛健人，教授，从事公共课教学工作 35 年，年均授课量在 300 学时以上。积极投身教学改革，2012 年在全国高等数学教育研究与发展中心的资助下开始“微积分”考试改革的研究与实践，坚持过程化考试和非标准化考试；2016 年赴德国 IMEC-13 交流非标准化考试探究成果；曾荣获宝钢教育奖、四川大学首届星火奖及多项省校级教学成果奖。

非标准化考试为微积分教学改革注入活力

四川大学数学学院　牛健人

【摘　要】本文总结了实施非标准化考试以来的经验，阐明了非标准化考试的意义：非标准化考试激发了学生的求知欲和好奇心，有助于培养学生自主学习能力；为学生的想象力插上自由的翅膀，有助于培养学生创新能力。

【关键词】非标准化考试　求知欲　自主学习能力　创新能力

微积分教学改革的难点和关键是打破传统的课堂教学评价体系。自 2012 年起我在全国高等数学教育研究与发展中心资助下开始考试改革的探究，经过 5 年多的研究与实践，取得了阶段性成果；并于 2016 年赴德国 ICME-13 与同行们交流考试改革的体会。非标准化考试是教学评价体系改革的核心内容，实施非标准化考试，鼓励学生运用数学知识解决专业问题，将与数学课程有关的专业创新活动纳入考核评价中，实现从知识考查到能力考查的转变。

近两年的微积分非标准化考题《微积分与我的专业》和《我心中的曲面》，要求以学生的视角，发现、收集、整理、分享微积分课程中的有趣问题，结合微积分在专业课程中的应用。其目的是提升学生的学习兴趣，培养其应用能力和创新能力。

非标准化考试激发了学生的求知欲和好奇心。在人类历史发展和社会生活中，数学发挥着不可替代的作用。数学和其他学科的相互渗透，导致了科学数学化。正如马克思所说的，一门科学只有当它成功地运用数学时，才算达到了真正完善的地步，数学也在不断进化升华。我们设计的微积分非标准化考试题目，如《波的解析》，大多是与学生的专业相关联的，目的就是要激发学生的求知欲和好奇心，提高他们的创造力，力求打破学科之间的界限，融会贯通，使学生对专业知识中的数学问题更加敏感，甚至能发现隐藏于专业实践中的数学问题。

非标准化考试有助于培养学生自主学习能力。实行非标准化考试之后，形式多样的试题所提供的信息不像过去那样整齐有序，标准化，需要学生对信息重新组合筛选，有时甚至要运用“倒向式”学习方法。通常的学习方法是循序渐进地学习数学，再将所学数学知识应用于相关专业、解决相关问题；而“倒向式”学习方法是基于相关专业的实际问题，或随机的某个知识点反过来寻求所需的基础数学知识，从而解决问题。未来的研究和实践中，这种学习方法具有更强的实用价值，有助于培养学生的自主学习能力，带着专业课程的问题来学习数学，解决问题。

非标准化考试为学生的想象力插上自由的翅膀。已知的宇宙有多大，科学的边界就在哪儿；而想象的空间有多大，数学的脚步就延伸到哪儿。非标准化考试《我心中的曲面》中，蒋继宏同学以广阔的视野将国外著名建筑，我国的著名建筑及成都的代表建筑收录到一分钟的小视频里，从优美的建筑背后看到了曲面的无处不在，数学在我们身边；也使得曲面的教学不再那么抽象，遥不可及。想象，永远是人类渴望不平凡的动因。教师的工作，就是带着一个个童心未泯的孩子，在海边不停地找寻被浪潮留下的幸运贝壳，帮助他们插上想象的翅膀。蒋雯同学通过丰富的想象力，将球类、瓶子、雨伞、卫星等生活中常见的曲面通过作图软件鲜活地展现在我们的面前，让我们感受到数学也可以不那么晦涩艰深，神秘莫测。

非标准化考试有助于培养学生创新能力。实施非标准化考试，学生不再是简单地完成机械的数学计算或证明题，而是根据教师的开放性任务，联系所学数学、专业知识，解决问题、完成任务。这一过程不仅锻炼学生的实践能力，更有助于培育其创新意识。叶泽源同学提交了答卷《肥皂泡与曲面的极值解》，在学完求单变量函数极值的课程后，以崭新的视角，深入思考和探讨了自变量为函数的情形，从古老的物理问题——最降速曲线问题开始，由浅入深，由古到今，讨论了直到现在都悬而未决的普拉托问题，思考了这些问题解决方法上的统一性和差异性；自己动手制作教具，展示了有关肥皂泡的物理实验，用物理的方法给出了普拉托问题的部分直观的漂亮解；视频答卷生动形象地展现了物理和数学的相互交织、共同进化的紧密联系。

每一次阅卷，对于教师也是一个教学相长、共同提高的过程。学生答卷带给我们的不仅仅是惊喜，也有数学、心理学、教育学书本上学不到的知识，所以弥足珍贵。本想带学生看看课本以外的缤纷数学，却被深深地带入他们的世界。

非标准化考试命题灵活，具有趣味性，探究性，创新性，为微积分教学改革注入了活力。

考试题目

题目一：

波的解析——微积分与我的专业

试题说明：

两位同学分工合作，利用刚刚学到的微积分知识，尝试归纳一系列不同物理意义的波的数学解析形式，并以此阐释这些波在数学本质上的统一规律。

考试要求：

风格不限，格式规范，内容新颖，概念准确，行文流畅。

题目二：

肥皂泡与曲面的极值解——我心中的曲面

试题说明：

基于“肥皂泡与曲面的极值解”发现、收集、整理、分享微积分课程中的有关数学现象，从数学角度阐述这些现象。

考试要求：

风格不限，格式规范，内容新颖，概念准确，行文流畅。

学生答案

题目一答案：

物理科学与技术学院（核科学与工程技术学院）

陈逸雯　2016141453006 / 王博文　2016141221008

（答案详见光盘第二部分）

题目二答案：

物理科学与技术学院（核科学与工程技术学院）

叶泽源　2016141221010

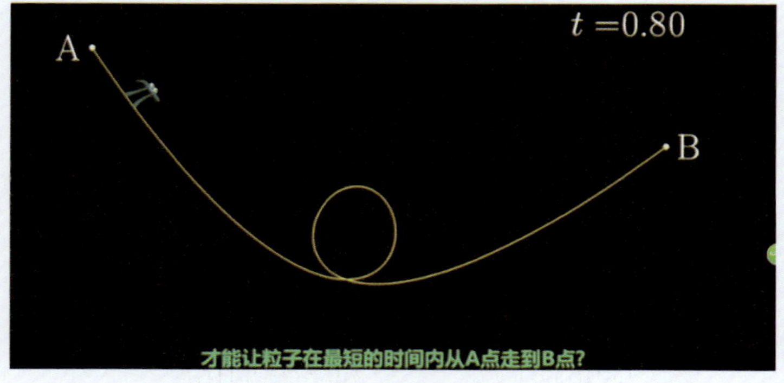

（答案详见光盘第二部分）

教师点评

题目一答案

摩尔斯说过，数学是数学，物理是物理，但是物理可以通过数学的抽象而受益，而数学则可以通过物理的见识而受益。视频答卷系统地展示了不同物理意义的波的解析表达，展示了数学和物理的紧密联系，最难能可贵的是作业中介绍了引力波的相关知识，体现了学生对学科前沿的高度关注。

题目二答案

在人类历史发展和社会生活中，数学发挥着不可替代的作用。叶泽源同学在学完求单变量函数极值的知识后，深入思考和探讨了自变量为函数的问题：从古老的物理问题——最降速曲线问题开始，由浅入深，由古到今，讨论了直到现在都悬而未决的普拉托问题；思考了这些问题解决方法上的统一性和差异性；最后做了一些有关肥皂泡的物理实验，用物理的方法给出了普拉托问题的部分直观漂亮的解。视频答卷生动形象地展现了物理和数学的相互交织、共同进化的紧密联系。

IC 设计基础

课程号：202003030

课程简介

"IC 设计基础"是一门微电子专业 48 学时的基础专业课程。该课程的主要目标是通过教师引导培养学生对集成电路的兴趣，发挥学生多样性的天赋，发掘学生在记忆、思考和创新方面的能力；主要内容为 MOS 基本器件，单级、两级放大器，电流镜，跨导放大器和利用 Cadence 软件绘制电路的仿真和版图；重在通过科学、人性的教导方式，让学生了解学习一门学科的方法和积极态度；以学生的未来为中心，期望学生将来毕业后仍然能将思考的方法迁移到工作和生活当中，做一个有意思和有温度的人。

赵　新／四川大学物理科学与技术学院（核科学与工程技术学院）

赵新，博士，讲师，从事 MEMS 传感器方面的研究。复旦大学博士毕业，在新加坡南阳理工大学任 Research Associate。随后在美国工作一年。2014 年入职四川大学。在 Optics Express，Solid-State Sensors，Actuators and Microsystems Conference 等国际著名学术期刊和会议上发表传感器相关方面论文 10 余篇。获得一项国家专利。在校级小班化教学比赛中，夺得现场教学分第一。教改方面主要是针对脑电波在认知教育中的应用和数据可视化。

因材施教，让天赋自由

四川大学物理科学与技术学院（核科学与工程技术学院）
赵新 龚敏 高博

如果说创业的定义是“就算不给钱我也要干”，那么教学上的创新和改革也应该有“就算评教分再差也绝不放水”的觉悟。在此基础上，考试改革应该是人性的、科学的。古有因材施教，今有遵从天赋。考试是学习的指挥棒。通过考试改革，发挥指挥棒的积极作用，让学生在争取高分的路上找到乐趣，培养独立思考和创新的意识和能力。

不同的学生有不同的特点。有的学生习惯逻辑推理等左脑思维，有的学生喜欢图像处理等右脑思维 [1]。有的学生具有体育特长，有的学生喜欢绘画和音乐。这都是学生自身天赋的表现形式。教育的改革应该尊重学生的天性，不能一刀切地把学生都当“教授”一样培养成学术人才 [2]。大部分的本科生毕业后都会走入社会参加工作，而且很多人从事的工作和本科时的专业相关性并不大。通过四年的学习，是让学生多读几本参考书，还是让学生培养了兴趣，发掘天赋，把自己的个人特长发挥到今后的工作和生活中去，是教育改革考核的最重要标准。其实，教师能做的很有限。很多看似有多动症的孩子其实是天生的舞者，很多不喜欢说话的学生却具有长时间高度集中精力的能力。教师真正应该做的不仅是在课堂上塞满 45 分钟的干货，更应该是发掘学生的潜力，帮助学生把自己的特长和天赋迁移到学习中。学生在找到发光和发热的兴趣点后都是不用扬鞭而自奋蹄的天才，教师唯一要做的是给予方向的把握和科学的建议。此外，人是感情丰富的动物，有高兴的时候就有悲伤的时候。教学也不能让所有人都装作很积极、很高兴的样子，无法让所有学生都满意是教师上课之前就应该有的觉悟。只有这样才能真正做到“以学生为中心”，想学生之所想，急学生之所急[3]。

在上“IC 设计基础”课程之前，很多大三的学生容易有先入为主的想法，认为课程的内容像过去学到的某些东西一样抽象和枯燥。为了提高学生的学习兴趣，一改为了考试而学习的学习模式，在本课程的第一堂课，教师安排了一道非标准答案的课堂测试题目，让学生在刚刚接触 IC 设计之初，放松心情，尝试寻找幼儿时期绘画的乐趣和灵性，并把这种特质迁移到“IC 设计基础”这门课程中。为此，在绘画要求上，不拘泥于设计规则，让学生不是为了完成一项枯燥的任务，而是进行一种新的有趣尝试。这次非标准答案的课堂测试，不仅给学生留下了的非刻板的印象，锻炼了他们的想象力，还在学生心中，种下了一颗艺术家的种子，也为后续的版图绘制铺垫好“不忘初心”的伏笔。在“IC 设计基础”课程教学中，要让学生体悟到技术和艺术是相辅相成的，只顾追求艺术性，版图作品可能缺乏实用性[4]；而没有了艺术对称感，版图作品也很难满足技术指标的要求。版图设计应该本着设计艺术品一样的精神去追求完美，只有这样才能通过几版的比较和改进掌握集成电路版图设计的精髓，才能像达·芬奇画鸡蛋一样磨炼出敏锐的观察能力和精准的表现力，才能在设计之初掌握最适合自己的“规定动作”，用更高效精准的方式创作接下来的多个“作品”（其他电路的版图）。此外，作为第一课，让学生了解教师，让教师了解学生是最重要的。建立起双方的信赖感和良好的第一感有利于接下来的教学交流。有句话叫“观其字认其人”。其实，观其画更能识人。绘画的方法和表现方式很大程度上可以透露一个人的性格特点和思考方式。每一个学生的作品都是一个很好的心理剪影。教师可以通过对图像的分析和接下来的观察交流，更好地认

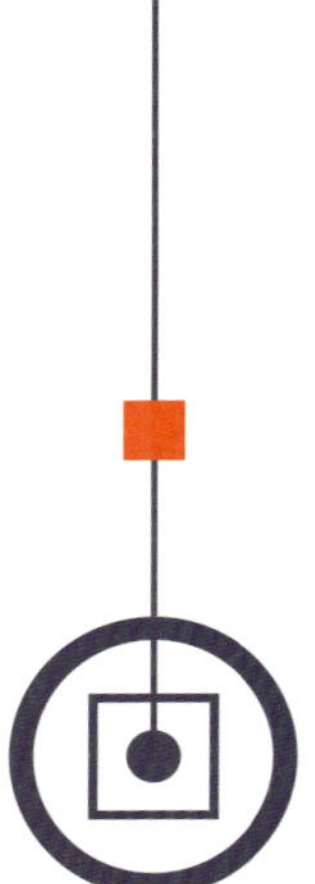

识每一个学生。

每一个孩子都是天才。教师要做的只是尊重他们的天赋，将这份天赋引至积极的方面。有些学生不够自信，在专业课的学习中没有将自己的潜能充分挖掘出来，创造力是需要一点点培养的。而敢于尝试，是创造的第一步。经常鼓励学生做一些非标准、非常规的测试，不仅有利于激发学生的学习兴趣，还能培养学生勇于实践的勇气，让学生不断发掘自己的潜能，增加学生学习的动力和自信，让他们享受学习和创造的乐趣。

教师在教学中应该做的反而是管住自己的嘴，尽量抑制住自己直接说出答案的冲动，多用提供线索的方式，诱导学生得出自己的答案。因为只有自己努力争取过的东西，才容易记住，才能真正受用终身。答案本身并不见得是最重要的，寻找答案过程中锻炼了未来需要的能力才是最重要的。就像学英语，为什么学了十多年英语的人，听说读写的能力反而不如“native speaker”中六岁的孩子说得好？因为孩子本身并没有想过要学习语言，孩子真正想的是实现某个目的，比如想让大人帮助自己拿水。而这个目的逼迫他（她）必须尝试去说话和学习语言，拿到水的同时把语言这个工具给学会了，并且百试不爽。而我们现在的很多教育方式是反其道而行之，只让说话不给水喝。这是不利于人脑进行有效认知的。因此，放飞天赋，淡化结果，强调过程是人性化教学的重中之重！

参考文献：

[1] Michael S. Gazzaniga. 双脑记——认知神经科学之父加扎尼加自传[M]. 罗路，译 . 北京：北京联合出版公司，2016：151–152.

[2] Ken Robinson，Lou Aronica.The Element[M]. 杭州：浙江人民出版社，2017.

[3] 谢和平 . 扎实推进课堂教学改革 [J]. 中国大学教学，2016(1)：4–7.

[4] Walter Isaacson. 史蒂夫・乔布斯传 [M]. 管延圻等，译 . 北京：中信出版社，2011.

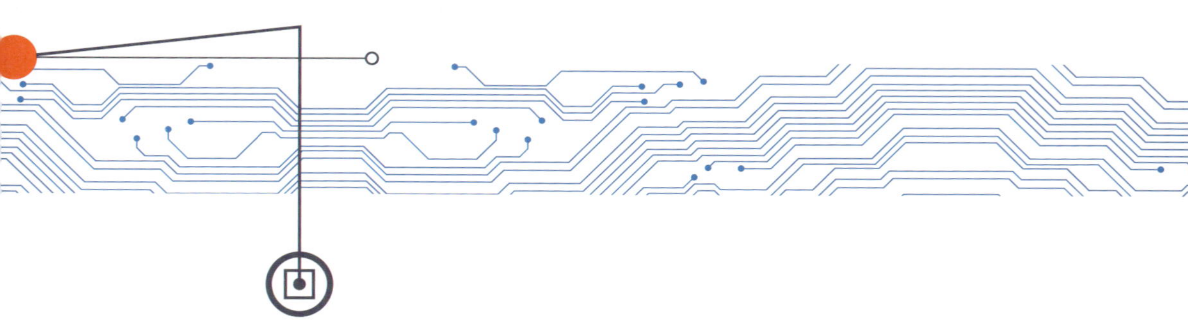

考试题目

题目：

解放天性，创作最有艺术感的版图作品

试题说明：

老师给出自然界和版图中的一些对称元素，如下图所示：

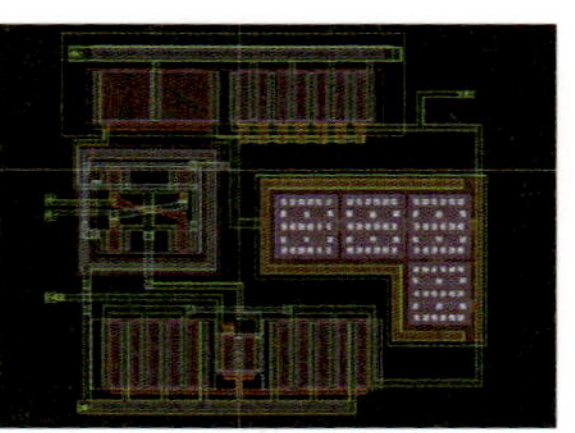

让学生以上面的元素或单元为参考，绘制出尽量兼具技术与艺术的图形。

考试要求：

尽量体现对称性，题材不限。

学生答案

答案一：

物理科学与技术学院（核科学与工程技术学院）

李　彤　2014141223023

答案二：

物理科学与技术学院（核科学与工程技术学院）

颜嵩炜　2014141223060

颜嵩炜

2014141223060

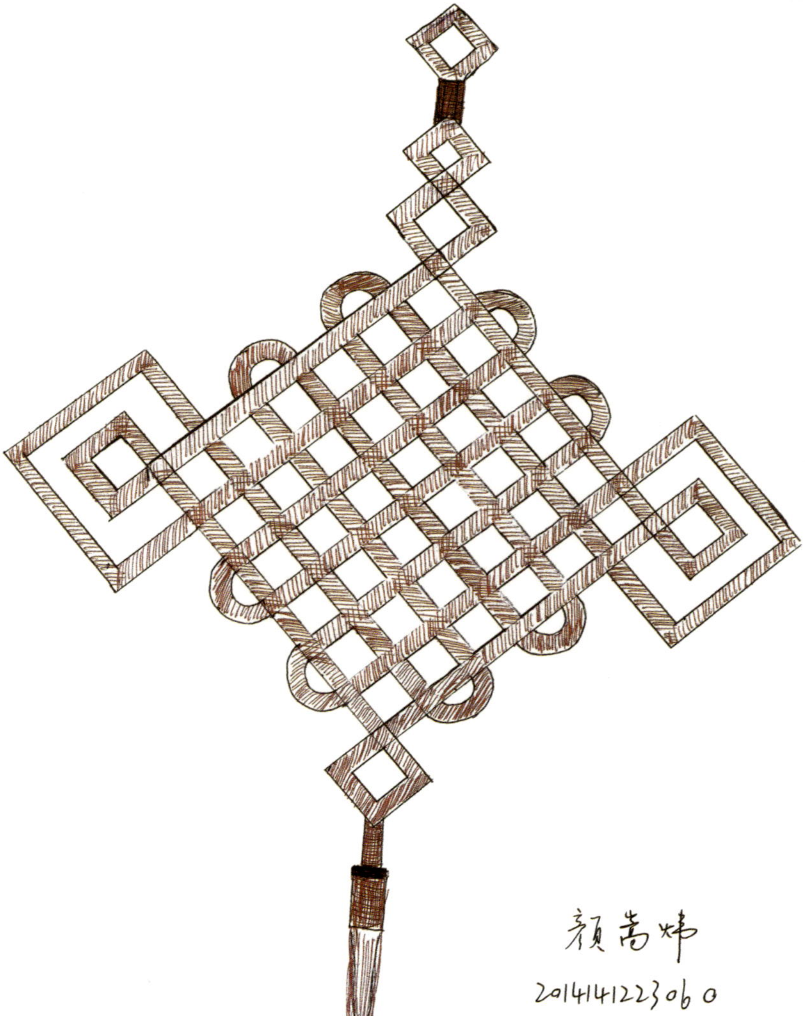

教师点评

第一张图：李彤同学将熟悉的动画中的哆啦A梦的形象与版图中的元素加以结合，通过该作品可以看到学生儿童时期创作天赋的保留。卡通形象保留了原有的比例和颜色；形态上由椭圆的手、头、铃铛变成了元素限定的方形，将可爱的哆啦A梦变成了“机器猫”，实现了艺术和技术的结合；同时赋予整体“版图”以形象的意义，让人有不断修饰和改进的冲动。可以看出，李同学很喜欢机器猫，在没有任何卡通人物的参照下仅凭着自己的长期记忆就复原了机器猫的基本相貌特征，而且像铃铛一样的细节之处也有画到位。可以看出这是个平时做事情非常细心，具有想象力的同学。

第二张图：颜嵩炜同学将中国结的概念和元素进行结合，实现了中西合璧的效果；特别是细节部分，结合了材料的细纹与元素中的图案，赋予了图案以生机和艺术的含义，整个“版图”不再是一个生硬的机器，而更像是一个活生生的有机体。颜同学能够在这么短的时间内画出如此复杂的图形，实

在是惊艳到了老师。从中可以看出该同学小时候有过绘画方面的培养，对全局把握得很好，能够兼具细节和整体，应该是个做事严谨的同学。

以上两张图是绘画者自我绘画天赋在版图绘制中延伸的成果。绘画能力在专业课中找到了用武之地，在版图设计中，最难的不是画出版图，而是不断地对版图进行修改和优化。然而学生往往只把画版图当成应付的任务，认为只要仿真结果“OK”就可以了，殊不知版图是要经过工艺制造和产品测试没有问题后才算真的可以收工的。只有把版图当成自己的一幅艺术作品，精雕细琢，才能不断地对版图进行合理的布局布线（构图），才能实现艺术和技术的完美结合。

电动力学
课程号：202284030

课程简介

“电动力学”是关于电磁场的经典宏观理论的一门课程，包括宏观电磁现象普遍规律、静态电磁场、时变电磁场和狭义相对论等内容。其知识体系是建立在对电磁学实验定律高度概括和熟练运用抽象数理语言基础之上。作为本科高年级专业理论课程，“电动力学”常被视为物理及相关本科专业最难课程之一。其难点不仅在于教授抽象的理论，更在于培养学生“透过公式看物理”的专业素养和培养学生从实验出发抽象和建构理论的学科能力。

余　天／四川大学物理科学与技术学院（核科学与工程技术学院）

余天，主讲课程“电动力学”被评为“四川大学‘探究式—小班化’教学示范课程”，获得首届“四川大学‘探究式—小班化’教学竞赛”三等奖；现主编新形态《电动力学》教材一部。

从 2015 年起在考核环节增设小组自由讨论，以非标准化答案的探究式讨论形式，鼓励学生展示自己对基础理论的理解与前沿问题的探索。长期担任大学生创新创业训练计划指导教师，指导了国家级和省级大学生科研创新项目，被评为“四川大学大学生科技实践活动优秀指导教师”。同时，还承担了中国科协“英才计划”物理类学生的选拔和培养工作。

用非标准答案考试引导学生深入学习和自主探究

——以“电动力学”课程中的尝试为例

四川大学物理科学与技术学院（核科学与工程技术学院） 余 天

考试既是检验学习和教学成果，提供教学反馈，更是引导学生学习的重要环节。

标准答案考试和非标准答案考试都是考试的重要形式。标准答案考试具有统一命题、统一答案和统一评分标准等特点，是广泛采用且行之有效的考试形式之一，但标准答案考试也有内容易教材化、题型模式化、评分过于刚性等不足。而非标准答案考试具有多样性、开放性和灵活性，能与标准答案考试互相补充，故不仅有利于全面检验基本知识“教”与“学”的情况，还可以考查学生对该学科思想和方法的理解与掌握程度，从而更加全面评价学生学习效果和教学实施效果。

不仅如此，非标准答案考试还提供了联系书本知识但又超越书本知识的具体问题，在教学全过程中引导学生深入学习和自主探究的新途径。首先，非标准答案考试题目的多样性使书本理论与实际问题密切联系起来，在丰富多样的具体问题分析中，对基本概念、原理、公式的理解得到加深，从而实现深入学习理解；其次，非标准答案考试解答的开放性提供了分析问题的多种途径，在对各种可能途径的尝试中切实领会了解决问题的思想方法，从而达成培养自主探究能力的目标；最后，非标准答案考试实施灵活，不仅可以应用于集中考试——期中和期末考试，也可在具体内容教授过程中实施，因此考试本身也成为贯穿教学全过程的培养途径。

非标准答案考试贯穿教学全过程的引导和培养作用，使其在公式化的理工科理论课程的教学考试改革中具有独特的运用价值。这里以我们在“电动力学”课程教学中进行的初步尝试为例做一分享，以求抛砖引玉。

“电动力学”这门课程是物理及相关专业高年级重要的理论课程，常被视为最难的专业课程之一。它主要介绍经典宏观电磁场理论，其内容架构是以实验总结的电磁学定律为基础，再进一步用数理化公式语言加以概括和抽象，所以其描述的物理图像和思想方法往往隐匿在复杂公式和运算中，并不显而易见。这样的课程特点，常导致学习易停留在抽象难懂的公式或迷失在连篇繁复的运算中，丢失了对核心物理图像的理解和对物理思想方法的领会。然而，对于高年级专业理论课程，理解公式隐含的物理图像，并领会从图像抽象到数理公式的思想方法，恰恰是比识记印在教材书页上显见的公式更加重要的内容。这一“隐”与“显”的矛盾，其实正是平日同学们反映的“记住了公式却不理解原理”“算出了结果却不知道意义”，甚至把教材讲义当条款来背的“背多分”等问题的症结之所在。

从 2016 年起，我们在“电动力学”课程平时考核和期末考试中引入非标准答案考试，以期通过非标准答案考试在教学全过程中的引导作用来改进教学和化解上述矛盾。用于平时考核的非标准答案题目，我们注意选取与教学章节内容密切相关的科技前沿话题或生活实际问题，一般安排在课后由同学分组实施，再集中于课堂展示和讨论，考核的成绩由同学与教师共同打分评定；对期末考试中的非标准答案题目的选取，我们则还注意综合课程的多方面内容或反映课程理论基本观点，采用闭卷形式。

具体到呈现在此的 2017 年非标准答案题目之一——静磁体间相互作用力规律的探究，其便是立足《静磁场》章节内容，又密切联系生活实际的非标准答案问题。相对静止的磁体，如两个小磁铁间，存在引力或斥力是日常生活中所熟知的，然而其力作用的具体规律一般并未给出。本题的出发点就是要引导学生根据已学过的静磁场基本理论、静磁场与静电场间的对偶关系，类比静止电荷间相互作用力规律的分析，对这一问题开展探究。在探究中体会从实验到模型，从模型到抽象公式的思路和分析方法；同时在分析和抽象静磁体间相互作用力规律的过程中，深化对磁荷、磁标势等静磁场相关抽象概念，以及静态电磁场对偶性等原理的理解。

从同学们展示的资料和视频（即提交非标准答案考题的解答）中，我们可以清晰看到同学们对于这一非标准答案问题解答的过程——题目分析、实验准备、实验改进、数据获得、分析讨论和知识延拓，不仅充分体现了物理理论是根植于物理实验的学科特点，还完整展现了一个从现象和实验出发抽象建构理论的探索过程，表明学生对课程的研究思想与方法已有初步领会；同时，通过该非标准答案问题的探究和讨论，不仅使理论课程数理化和抽象的概念、公式和原理在与实际具体问题的直接联系中生动起来，而且在探究和讨论问题的过程中，同学们对于基本概念、公式和原理的理解也更加深刻和运用得更加灵活，从而有效避免了“读死书”和“背多分”现象。

事实上，不仅是本门课程，也不限于物理及相关学科，诸多理工科理论课程教学与考试改革都面临着这样一个挑战：如何在教学过程中引导学生深入理解抽象的概念、公式和基本原理，从而切实掌握隐含在这些概念、公式和原理背后的模型和图像，领会从模型和图像抽象得到公式理论的思想和方法？我们认为更好地应用非标准答案考试，发挥它对理论课程的深入学习和自主探究的引领作用，应是值得努力的方向之一。

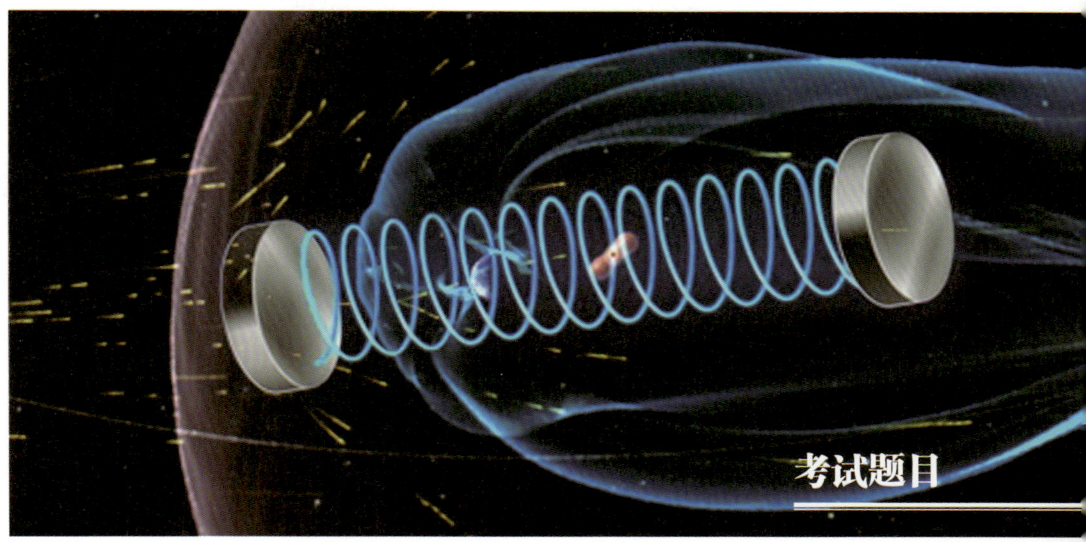

题目：

静磁体间相互作用力规律的探究

试题说明：

探究两块相对观察者静止的小磁铁之间的相互作用力规律，是否能提出像库仑定律一样的相互作用力关系式？你观察的结论与静磁标势理论有无联系？如何联系？

考试要求：

最好能做实验或提供课后实验视频。

学生答案

答案（节选）：

电子信息学院

组长：焦文斌　2015141453018

组员：白永杰　2015141453001 / 班晓凯　2015141453002
陈秋越　2015141453005 / 代友洪　2014141452012
董可谈　2015141453008 / 郭　雨　2015141453011
何　维　2015141453012 / 贺　文　2015141453013
简艾嘉　2015141453016 / 李乐阳　2015141453022
李　文　2015141453023 / 柳铭归　2015141453035

静磁体间相互作用力规律

01 / 题目及分析　　02 / 实验探索
03 / 数据分析及结果　　04 / 讨论：与静磁标势的关联

1　题目及分析

本题要求探究两静磁体间相互作用力的规律，从静态电磁场的对偶原理出发，考虑静电场与静磁场的对偶性，作为一阶近似，我们猜想静磁体间相互作用力关系可能表现出与静电荷相互作用力类似的“静磁库仑定律”，即满足一种简单的距离平方反比关系。探究中我们采用永磁体作为静磁体的简单近似。

在数据分析和讨论部分，我们主要结合静电库仑定律，并考虑将其与静磁标势理论联系起来的可能性。

若描述两种物理现象的方程具有相同的数学形式，并且具有对应的边值条件，那么它们的解的数学形式也将是相同的。这就是对偶原理，也称为二重性原理。

表 1 静电场和磁性介质产生的磁场的电磁对偶量

静电场	$\boldsymbol{E}$	φ	$\boldsymbol{D}$	ρ	$\boldsymbol{P}$	作图：激发恒定电流的电场和被激发磁场的对偶场示意图
磁性介质产生的磁场	$\boldsymbol{H}$	φ_m	$\boldsymbol{B}$	ρ_m	$\boldsymbol{M}$	μ_o

表 2 静电场和磁性介质产生的磁场的电磁对偶方程

静电场	磁性介质产生的磁场
$\nabla \times \boldsymbol{E} = 0$	$\nabla \times \boldsymbol{H} = 0$
$\nabla \cdot \boldsymbol{E} = \dfrac{\rho_f + \rho_p}{\varepsilon_0} = \dfrac{\rho}{\varepsilon_0}$	$\nabla \cdot \boldsymbol{H} = \dfrac{\rho_m}{\mu_0}$
$\nabla \cdot \boldsymbol{P} = \rho_p$	$\nabla \cdot \boldsymbol{M} = \rho_m$
$\boldsymbol{D} = \varepsilon_0 \boldsymbol{E} + \boldsymbol{P}$	$\boldsymbol{B} = \mu_0 \boldsymbol{H} + \boldsymbol{M}$
$\boldsymbol{E} = -\nabla \varphi$	$\boldsymbol{H} = -\nabla \varphi_m$
$\nabla^2 \varphi = -\dfrac{\rho_f + \rho_p}{\varepsilon_0} = \dfrac{\rho}{\varepsilon_0}$	$\nabla^2 \varphi_m = -\dfrac{\rho_m}{\mu_0}$

2 实验探索

2.1 对斥力规律的探究

方案 1：排水法

【实验器材】量筒、瓶盖、磁铁。

【实验设计原理】利用排水法测量斥力。在量筒中灌满水，放入装有磁铁的

学生答案

瓶盖使其浮在水面上。用另一块磁铁的同性磁极去对其造成一个排斥力，此时水就会溢出，通过等距离不同磁铁个数及同磁铁个数不同距离的排水量及水的浮力计算斥力。

【实验装置图】如图 1 所示。

【实施效果】该实验方案采用排水法，因实验器件精度不够，瓶盖内无法采用纸填充的办法保证瓶盖不会移动或磁铁侧翻，瓶盖吃水量过小且排水法在当前实验精度下无法保证实验数据的有效性，故废弃了该方案。

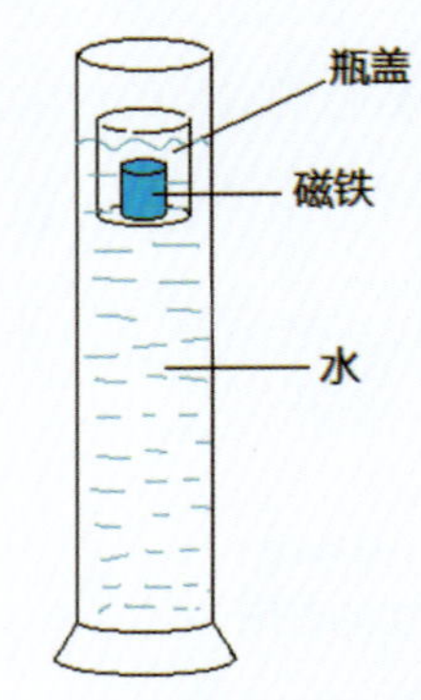

图 1 排水法实验装置图

方案 2：小车法

【实验器材】磁铁、小车。

【实验设计原理】固定一块磁体，并将另一块磁铁固定在小车上。这样通过斥力给小车一个向前的作用力。通过测量小车位移的距离和时间，推算出小车最初的加速度从而推出小车受到的斥力。

【实验效果】此实验影响因素较多，且小车前进过程中加速度不断变化，无法进行精确的测量，故该实验方案废除。

方案 3：弹簧法

【实验器材】磁铁、量筒、弹簧。

【实验设计原理】在量筒底部放入弹簧并在弹簧顶端放置一块磁铁，在磁铁上方不断加斥力，通过加斥力时弹簧的形变来界定相应斥力的具体大小。

【实验效果】弹簧的受力不好模拟与测量，且弹簧的位移量不大，测起来会有很大的误差，故该实验方案废除。

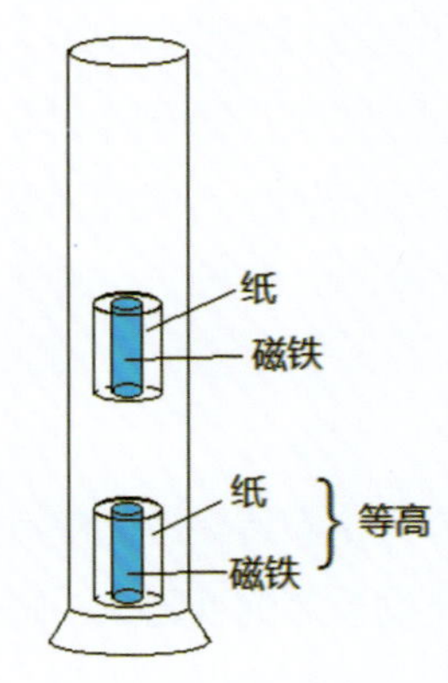

图 2 实验装置图

方案 4：最终方案

【实验器材】量筒、配重、磁铁。

【实验设计原理】在量筒底部放置四片同规格的磁铁，随后将磁铁极性相同的一面放入量筒中，测量距离。分次加入硬币增加重量并分别测量距离。

【实验装置图】如图 2 所示。

排斥力尝试实验视频链接  （详见光盘第二部分）

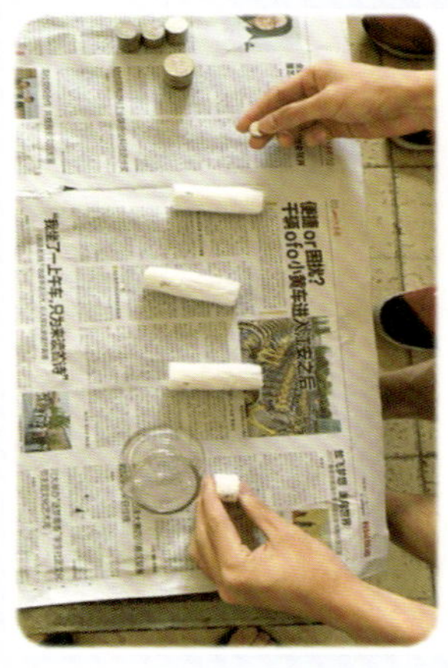
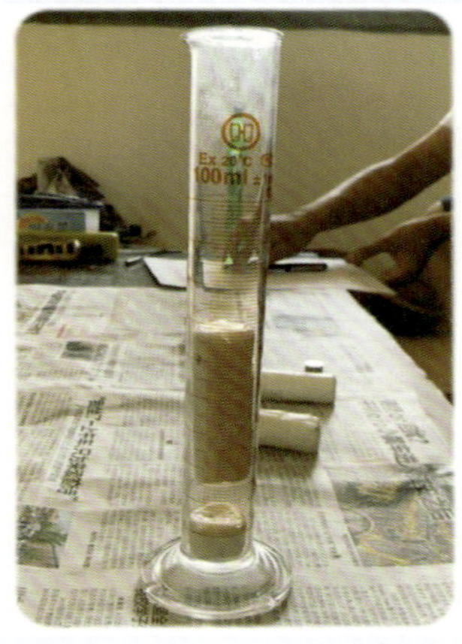

图 3 部分视频截图

2.2 对吸引力规律的探究

方案 1

【实验器材】弹簧、磁铁。

【实验设计原理】在两相互吸引的磁铁中间加入一弹簧，通过弹簧受力形变

学生答案

来推出吸力大小。

【存在的问题】部分原因同斥力中的方案3，即因弹簧的受力不好模拟与测量，且便于我们选取的弹簧多为可磁化物质，不确定被磁化的弹簧会对实验造成怎样的影响，故该方法废弃。

方案 2

【实验器材】弹簧测力计、等直径不同厚度的纸圆柱、磁铁。

【实验设计原理】将上、下两块磁铁分别固定在测力计和桌子上。在上、下两块磁铁中间放入一个纸圆柱，将上、下两部分磁铁吸在纸圆柱两侧，缓慢匀速稳定地向上拉弹簧测力计直至分离。通过测量垫入不同高度的纸圆柱分离的一瞬间的力来界定吸力。

【实验装置图】如图 4 所示。

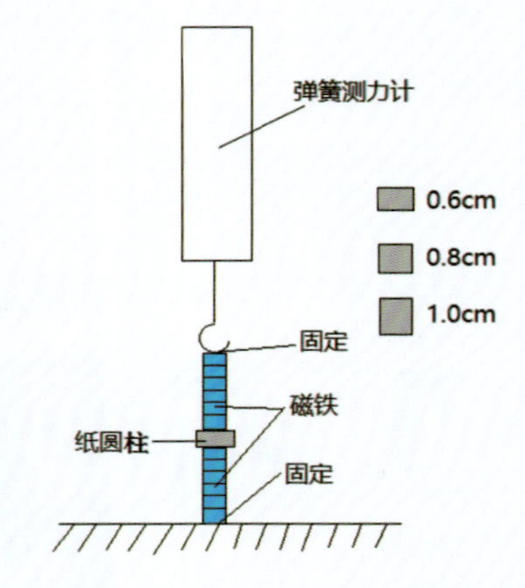

图 4 探究吸引力规律的实验装置

吸引力尝试实验视频链接　　吸引力最终实验视频链接

（详见光盘第二部分）

3 数据分析及结果

3.1 排斥力实验数据总结

实验用硬币每个重量为 6.1g；磁铁重量为 3g；高出部分的纸重 4g；量筒为 ml 制，100ml 高度为 168mm，每格为 1.68mm。

表 3　排斥力实验数据

上方磁铁	磁铁间距离 r（单位：m）	磁铁间作用力 F（单位：N）
2	0.03024	0.9262
	0.03192	0.8162
	0.03528	0.6672
	0.03780	0.5672
	0.04368	0.4482
4	0.03192	0.9350
	0.03360	0.8150
	0.03696	0.6960
	0.04032	0.5760
	0.04536	0.4570
6	0.03192	0.9742
	0.03360	0.8542
	0.03612	0.7352
	0.04032	0.6152
	0.04368	0.4962

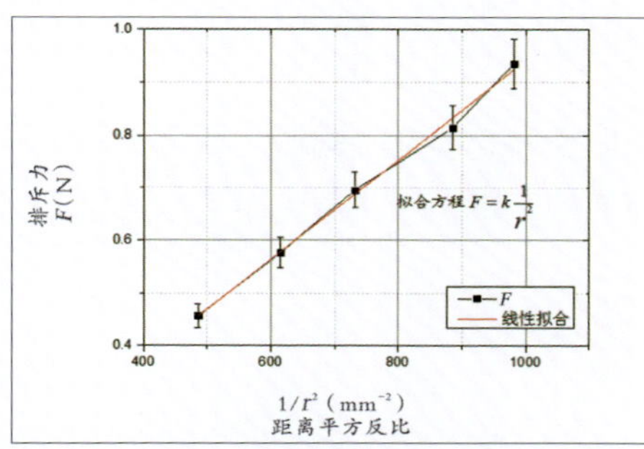

图 5　上方 4 个磁铁的排斥力和距离平方反比的拟合曲线

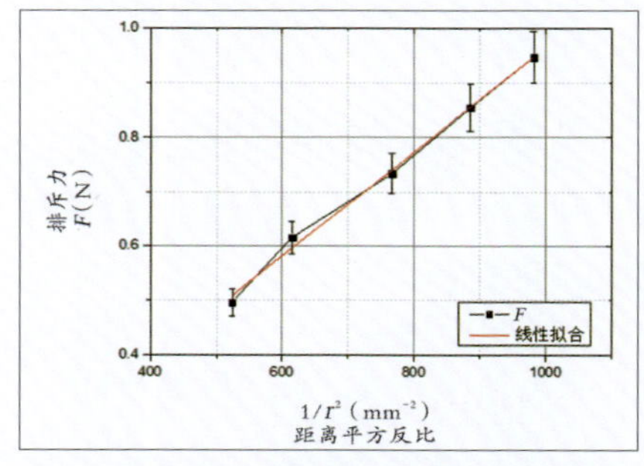

图 6　上方 6 个磁铁的排斥力和距离平方反比的拟合曲线

拟合发现排斥力 F 与距离平方反比（$1/r^2$）呈较好线性关系。

学生答案

3.2 吸引力实验数据总结

类似的分析拟合发现吸引力 F 与距离平方反比（$1/r^2$）呈较好线性关系，举例如图 7 所示：

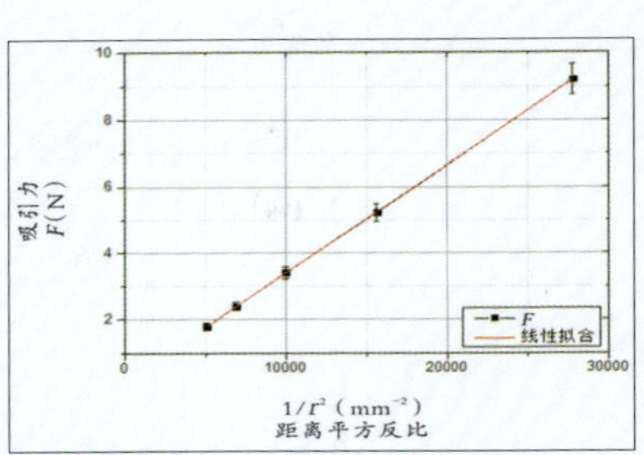

图 7 吸引力和距离平方反比的拟合曲线

4 讨论：与静磁标势的关联

综合上述排斥力和吸引力的结果我们得到：

结论 1：

利用小磁铁模拟静磁体发现，静磁体间的相互作用力，包括排斥力和吸引力，均满足类“静电库仑定律”形式的平方反比例关系，考虑到相互作用力的方向，即有：

$$\vec{F} \propto \frac{\hat{r}}{r^2}$$

从静磁场与静电场的对偶关系和磁场的标势描述出发，我们知道对于我们采用的小磁体，空间内没有任何自有电流链环着的区域，因此麦克斯韦方程组退化为如下形式：

$$\nabla \times \boldsymbol{H} = 0 \qquad \nabla \cdot \boldsymbol{B} = 0$$

此时，可以定义磁标势的有意义：

$$\boldsymbol{H} = -\nabla \varphi_m$$

若已知永磁铁的磁化强度为 $\boldsymbol{M}$，因为

$$\boldsymbol{B}=\mu_0\left(\boldsymbol{H}+\boldsymbol{M}\right)$$

磁标势满足微分方程：

$$\nabla^2\varphi_m=\nabla\cdot\boldsymbol{M}$$

可以定义小磁铁内的磁荷体密度：

$$\rho_m=-\mu_0\nabla\cdot\boldsymbol{M}$$

进而有磁标势满足的泊松方程：

$$\nabla^2\varphi_m=-\frac{\rho_m}{\mu_0}$$

这与静电场方程形式相同。

结论（猜想）2：

因此，我们可以猜想此时与静电库仑定律类似，静磁体间的相互作用力大小还正比于静磁体具有的磁荷的乘积，即：$\boldsymbol{F}\propto\rho_{m1}\rho_{m2}$

考虑上述结论 / 猜想，我们提出静磁体间相互作用力规律（可能）满足：

$$\bar{\boldsymbol{F}}=k\frac{\rho_{m1}\rho_{m2}\hat{\boldsymbol{r}}}{r^2}$$

其中 k 是与介质有关的比例常数。

学生答案

提问与解答

经过此次实验后，我们小组有成员提出：既然我们能够得到磁体之间力的相互作用规律，那为什么我们所学习的课程中都不直接讨论磁体之间的相互作用呢?

在小组讨论以及求助老师之后，我们了解到，其实磁体和磁体之间并不是直接有力的作用的，而是一个磁体产生磁场，然后由这个磁场对另一个磁体产生力的作用。因此直接讨论磁体之间的相互作用是没有太大的物理意义的。

教师点评

本题的出发点是根据已学过的静磁场基本理论、静磁场与静电场间的对偶关系，开展探究和分析。在探究中体会从实验到模型，从模型到抽象公式的思路和分析方法；在分析和抽象规律的过程中，深化对概念、原理和方法的认识理解。

从同学们展示的资料和视频，可以清晰看到分析问题、实验探索、实验改进、数据处理、总结讨论的完整思维过程。这也是从现象和实验出发抽象建构出理论的探索过程。

通过该非标准答案题目的探究和讨论实施，使理论课程数理化和抽象的概念、公式和原理在具体情景问题中生动起来，在探索非标准答案问题的过程中深化了对概念、原理和方法的理解与领会。

特别地，非标准答案的探究过程还体现了从失败、不理想的实验设计逐步优化的过程，反映出同学们确实为解决非标准答案而展开了思考，这是非标准答案引导自主学习的又一体现。

大学化学（I）-2
课程号：203006020
大学化学（I）-3
课程号：203182030

课程简介

“大学化学”是为生命科学学院大一新生开设的一门化学学科入门课程，上下两学期，共 5 学分，从物质三种常见存在状态及其相互转化过程中的热力学和动力学，说到物质世界在化学层面的四大平衡。对于生命科学学院的学生而言，记住公式和原理不如理解化学思维方式重要。课程把人才培养目标定位在“学会用化学的智慧理解和解决生命科学中的问题”。

吴　迪／四川大学化学学院

吴迪，出生于书香世家，南京师范大学学士（2001 年），南京大学无机化学博士（2007 年），师从游效曾院士，曾任南京大学化学化工学院研究生会主席。在南京大学任教一年（讲师，2007—2008），后调入四川大学任讲师（2008—2011）和副教授（2011—今），在游劲松教授课题组从事合作研究。2013 年在牛津大学化学系 H. L. Anderson 教授、院士课题组做博士后。负责多项国家自然科学基金，参与完成多项 863 重大课题等纵向课题，主要科研兴趣在有机功能材料的设计合成，致力于为太阳能电池、生物显影、肿瘤诊断（治疗）、传感器等前沿领域寻找和发现原创性的有机配合物、聚合物分子材料。发表 SCI 论文 30 余篇，作为第一作者的单篇论文最高影响因子超过 10，申请并获授权专利 16 项。

开设“大学化学”等 10 门课程，获四川省教学成果奖（2014 年）、四川大学考试改革项目二等奖（2012 年）、四川大学非标准答案考试命题优秀奖（2016 年）、四川大学“展鸿”奖研金二等奖（2015 年）、四川大学青年骨干教师奖励计划（2011 年）、四川大学优秀本科毕业论文指导教师奖（2011 年）等。2017 年 9 月起任四川大学教务处创新创业工作领导小组办公室专职副主任。

非标准答案试题　回归大学之道

四川大学化学学院　吴　迪

课堂教学如何破题，已然困扰了全球教育工作者们多年。在日新月异的高新技术、炫目的新媒体的包围下，大学生如何能对有挑战的学习过程保持兴趣，成为教育工作者们共同思考的问题。

要解决途径问题，先问初心，问教育本质和终极目标。

“大学之道，在明明德，在亲民，在止于至善。”《大学》中揭示了高等教育的一个终极目标和两条路径。

终极目标是“至善”，是对真善美无止境的追求。两条路径，一是德育，“明德”，使人之善良得以彰显，行为得以规范；二是创新，亲，通“新”，通过革新，使思想焕然一新。

非标准答案试题正是这一教育理念和路径的恰当载体。

首先，非标准答案试题是引导追求“至善”的美好载体。开放性的答案，有助于培养学生对科学本质的理解。科学本质不是知道答案，知道“然”，而是理清因果关系，弄清“所以然”。非标准答案试题，锻炼和考查的不是记忆，而是对结论的来龙去脉的理解和重新表述。希望通过非标准答案试题，引导大学新生对大学教育的理解和追求，从“刷分”转变为追求“至善”，从“记记背背”转变为“思考与想象”，从追求“结果”转变为追求“过程”。

其次，非标准答案试题是双创教育的有效载体。创新创业教育在大学低年级重在“创意”启发，重在“创新精神”和“创造基本素养”的培养。对已有知识进行再加工，再表达，既需要用循证逻辑和审辩性思维对信息来源进行评判、筛选，又需要按照恰当的需要（主题、论点、读者设定）重新梳理逻辑、编辑组织，这是传统的标准答案试题难以做到的。

第三，非标准答案试题是将德育融入学科教育、双创教育的最佳载体。在做题中可能涉及的道德相关考点主要包括但不仅限于：

（1）对参考文献进行标引，以示对前人工作的尊重和批判性继承。

（2）对已有文献来源的查实，对相互矛盾说法的追根溯源，即质疑精神或科学审辩性思维。

（3）以读者需求为导向的写作风格，即体谅他人情感的“共情”能力。

（4）对同学工作的支持，对公众号编辑、校对、发布等公共工作志愿服务的奉献精神、认真态度、责任心，遇忙遇难时不退缩的精神等，即团队合作精神。

（5）不为获得高分而抄袭。

总之，“非标准答案试题”，既“顶天”，回归教育的本质，为通向“至善”的终极目标指出了明德与亲民之路；又“立地”，是教学论中好操作、好推广、好展现的教学范式。

四川大学将“非标准答案试题”这一教学范式普及到上千门课程的学业评价中，对四川大学课堂教学改革形成“集合”效应。过去，学生在个别课程中被个别教师要求转变“刷分”思想，发挥想象力，写论文、做课题，体验困难，内心难免抗拒，造成了实施教学改革的教师个人推行工作的困难。现在，学生在多门课程中被要求用“非标准答案”来评价学业收获，特别是从新入学的第一门课就被这样要求，就会自然而然地认为这是大学默认的规则，认同这是在追求教育的本质，并努力弥补自己能力上的不足，和教师形成教育共同体，共同追求“至善”的终极目标。

四川大学将“非标准答案试题”普及到全课程，其实践意义不仅仅在于促使被教育者学习过程的转变，更大的意义在于将“课堂教学改革的号角”吹响校园，将教学这一对教师来说有些孤单的行为转变为师、生、社会等教育共同体的共识与共同行动。从这个意义上说，四川大学在“课堂教学”中，已然破了题，走出了顶天又立地的川大之路。

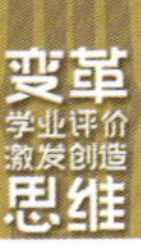

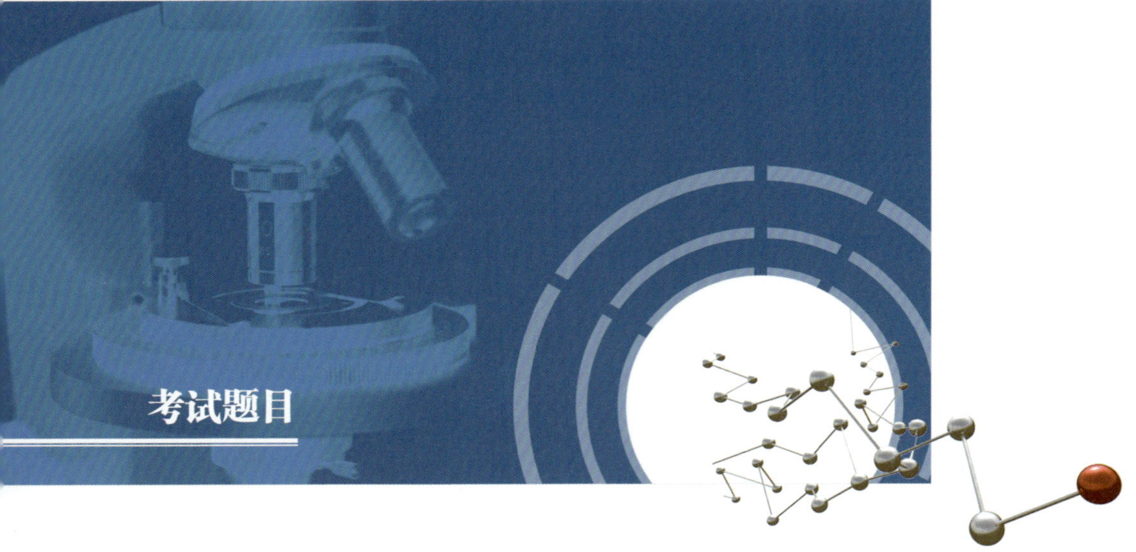

题目：

一个分子的生命故事

试题说明：

描述一个分子的结构及其在生命体系中的功能，此题得分在学期总分中占20%。

通过这道题，学习和重新表述分子结构与生命功能的关系，加深对化学这门基础学科在生命科学中扮演的角色的重要性的认识，提高学习本课程的兴趣和热情，初步领略化学的思维方法和智慧，锻炼生命学科学生向分子层面挖掘因果关系的能力。

考试要求：

必须出现化学分子结构式，注意使用化学的语言、思维方法，用公众号文体撰写和表达。

学生答案

学生答案一（节选）：

生命科学学院　邹雅竹　2016141241080

洪荒之力的秘密——肾上腺素

里约奥运会上，中国运动员傅园慧率性幽默，采访时脱口而出的“洪荒之力”为人津津乐道。其实这种力量正是来自肾上腺素！下面我们来看看肾上腺素的生命故事。

做食道电生理的时候，为了诱发出心跳过速，静脉注射肾上腺素。注射完人的第一感受就是，心脏不是自己的了！完全就不听你自己使唤了！我那时候听到医生说，心脏已经 1 分钟 150 下还是没有诱发出来，又加到一分钟 190 下，最后飙到了一分钟 250 下。当然这个数据也跟医生电击有关系。

……

说完了肾上腺素的历史，那就接着介绍一下它的基本资料吧。肾上腺素的英文名是 adrenaline or epinephrine，简称 AD，是由肾上腺髓质嗜铬细胞合成和分泌的激素。其合成途径：酪氨酸→ LDOPA → DA → NA → AD。

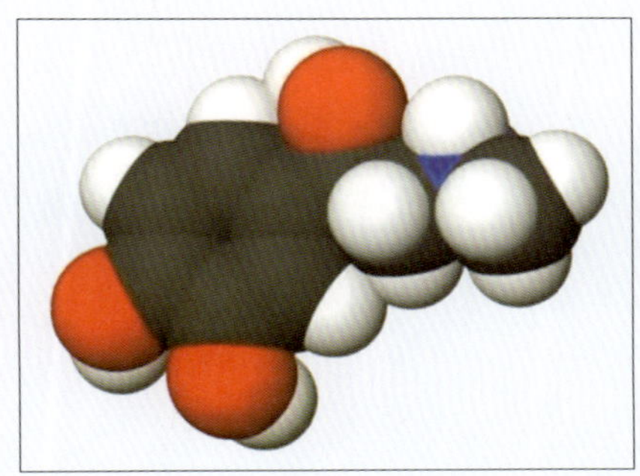

学生答案

肾上腺素的受体是G蛋白偶联受体，分α和β两种类型。当信息分子与受体结合后改变其构象，与之相结合的G蛋白构象也因此改变，并激活偶联酶，偶联酶催化它的底物产生第二信使，第二信使引起级联反应，产生生物学效应。

……

那么肾上腺素到底作用在我们身体的哪些部位呢？首先，它可以作用于心肌、传导系统和窦房结上的受体，加强心肌收缩性，加速传导，加速心率，提高心肌的兴奋性，因此临床上可以用于抢救心脏骤停、过敏性休克以及其他过敏病症。

……

在极限运动中，人体会产生大量的肾上腺素，让我们反应更迅速，完成更多的挑战！

……

肾上腺素就是洪荒之力的谜底！

参考文献

[1] 郑恒，钱家庆．肾上腺素受体信号转导通路对心功能的调节及机制 [J]. 国外医学（生理、病理科学与临床分册），2000（04）：303-305.

学生答案二（节选）：

生命科学学院　游子龙　2017141241188

惊了！没想到你是这样的杜冷丁

一、杜冷丁是谁？它帮助人类有什么目的？

大家好！我给大家介绍一下，这是我的小伙伴：@ 杜冷丁。杜冷丁就是盐酸哌替啶，化学式为：$C_{15}H_{21}NO_2 \cdot HCl$ 。其结构式的图形为：

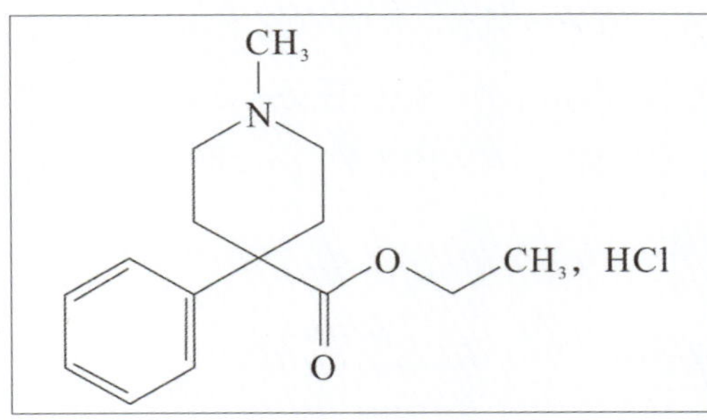

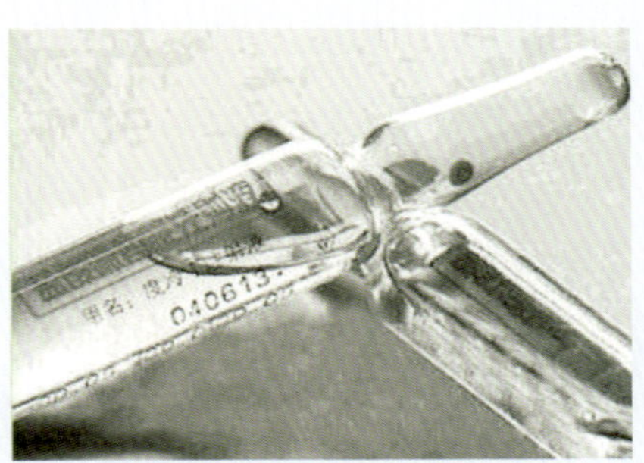

杜冷丁和吗啡一样均是麻醉剂，但其镇静、麻醉作用相比吗啡较小。杜冷丁反复作用依然会让人成瘾，不良反应与吗啡相似，被列为严格管制的麻醉药品。

从法律上讲，它是毒品，但它仍被广泛应用于医疗领域，说明它的医疗价值很大，特别具有开发的潜力。

可是有人说：它是毒品我们就必须要远离！

Really？

答案当然是否定的！

……

学生答案

二、杜冷丁和他的小可爱们!

它的第一个小可爱就是：间苯三酚。间苯三酚联合杜冷丁来进行医学治疗，尤其是在肾绞痛治疗中疗效显著。通过一系列的实验，我们发现：间苯三酚联合杜冷丁治疗肾绞痛，具有起效迅速、镇痛作用平稳持久、不良反应发生率低等优点，值得临床推广应用。 这样的结果能不能让我们对它进行推广呢? 这是我们下一步要做的。

它的第二个 ki 哟米就是：氟哌啶醇。麻醉中应用氟哌啶醇杜冷丁合剂能加强麻醉效果。其具体的作用原理是氟哌啶醇是一种强效安定剂，镇静作用表现为精神镇静，对外界呈淡漠状态，闭目懒言，随意动作显著减少，但神志清醒、思维正常；杜冷丁镇痛效果好，两者配伍应用可相互增强作用，是一种效果较好的麻醉辅助剂。

它的大可爱那必须是：氟桂合剂。应用氟桂合剂后：（1）对手术有明显作用，患者由精神紧张转为安定，甚至进入睡眠状态，手术中始终保持呼之能应的合作状态：并能延长麻醉作用时间，减少或消除腹腔手术因内脏牵拉引起的恶心呕吐。

……

（2）它的危害体现在哪里呢? 它和吗啡、尼古丁等毒品一样，都会在长期使用之后使人上瘾，这对我们的社会和家庭都有极大的危害，所以管制杜冷丁的使用是很有必要的!

参考文献：

[1] 英太青 . 杜冷丁对膀胱癌术后痉挛性疼痛的干预效果比较 [R]. 崇州：崇州市人民医院药剂科，2015：439-441.

学生答案一

肾上腺素这样一个仅有碳氢氧氮组成的、分子量 166Da 的小分子在人体这个大机器中竟要参加如此复杂的生化过程，竟有如此神奇显著的生理作用！

学生在“以教为学”的翻转式学习过程中，自主学习了大量资料，享受了知识带给他们的惊讶感，并且用大家喜闻乐见的语言和编辑方式呈现在课堂和网络上，分享了知识。

用非标准答案指挥学生自主学习，就是洪荒之力的谜底！

学生答案二

教师点评

新学年，我第二次布置同题作业，为提高作业质量，将过去“一步到位”布置作业的方式改成了“小步快跑”方式，以便学生在过程中不断获得指导、帮助，也便于密集地督促学生投入这项工作。学生需要在第三周定题，第五周和第七周分别提交五篇文献的阅读笔记，第八周提交初稿，上文正是这个阶段的“中间状态”的文章。虽然在表达流畅性、排版格式等方面还有进步空间，但在科学性、知识深度方面已经明显好于前一学期的作业。

接下来，学生将在课堂分享文章，接受同学间点评，在小组的帮助下修改，并最终发表在公众号“大化无痕”上，接受公众的评价与答疑，以增强社会责任感和专业使命感。

细胞生物学（双语）

课程号：204128030

课程简介

四川大学“细胞生物学”是一门国家级精品课程，也是国家级精品资源共享课和国家级精品视频公开课，并于 2015 年在爱课程网“中国大学慕课”上线。细胞生物学既是生命科学领域的基础学科，也是前沿学科，主要介绍细胞结构与功能，细胞增殖、分化、衰老与死亡等重大生命活动规律及其分子调控机制。

邹方东/四川大学生命科学学院

邹方东，教授，博士生导师，教育部高等学校大学生物学课程教学指导委员会委员，中国细胞生物学学会常务理事、四川省细胞生物学学会副理事长；先后在香港中文大学、美国匹兹堡大学和宾夕法尼亚大学交流学习；国家级精品资源共享课、国家级精品视频公开课和中国大学慕课“细胞生物学”“细胞的命运”课程负责人；四川大学生物科学专业负责人，荣获四川大学卓越教学奖等荣誉；教材建设、教学方法与考试改革等曾获国家级教学成果二等奖和四川省教学成果二等奖；“教、学、考”模式的改革被中央电视台以及人民网等媒体播报，并在国内多所高校交流；编写出版的《细胞生物学》《细胞生物学实验指南》等教材被国内众多高校使用；牵头建设的“细胞生物学”和“细胞的命运”课程已在爱课程网中国大学慕课平台和东西部高校课程共享联盟平台面向全国开放。

从非标准答案考试到“创意课堂”教学

四川大学生命科学学院　邹方东

【摘　要】本文以细胞生物学课程为例，总结了什么样的考试是非标准答案考试和非标准答案考试在激发学生学习的积极性与思维的创造性方面所发挥的作用；并概述了利用非标准答案考试的思维在探究式教学过程中赋予科学问题以灵活性、开放性与探究性，让传统课堂变成“创意课堂”的方法。

【关键词】细胞生物学　非标准答案考试　探究式教学　创意课堂

我从事细胞生物学教学与科学研究 20 多年了，早年在出“细胞生物学”考试试题的时候，总是很喜欢出判断题与填空题，觉得这些题型不仅形式好看，而且便于阅卷，还可以从所谓的“题库”中抽题组卷。一个偶然的机会，我翻看到早年的一套细胞生物学期末考试试题，并试着做了两个填空题和判断题。让我惊讶的是，我想到的填空题答案与当年给出的所谓标准答案根本不一致，更有两个判断题让我无法判断是对还是错。

那几个题的标准答案让我觉得自己好像“想多了”！

这个偶然的“事件”让我开始怀疑自己，思考着什么样的试题才是好的试题，什么样的试题才能更好地反映出作答者的水平和能力。如果一道试题让知识越多、思路越开阔的人反而越无从下手、不敢多说，甚至仅仅因为没有记住某些细枝末节而无话可说，这样的试题反倒有了禁锢思维的副作用。

恰逢非标准答案在四川大学兴起，犹如一抹朝阳、一缕清风，让人神清气爽！

体现在细胞生物学考试上，在我看来，非标准答案考试应该是基于对知识的记忆理解，考查学生分析、应用、评价甚至创新的能力；应该是没有现成答案，更没有标准答案，而是每个学生心中都有自己的答案；答案往往不存在“对”与“错”之分，而只是“好”与“差”之别。

事实上，生命科学中很多问题的答案并非“非此即彼”，生命的复杂性、非线性和完美性远远超出了我们的想象。大千世界的运动规律，唯有生命活动让人感觉不可思议，难以用一个个所谓的公式简单呈现出来。回看生命科学发展史，或者环顾生命科学研究现状，我们会发现，一个科学问题，往往可以用不同思路、不同方法以及不同手段加以回答，有的科学问题甚至很难回答，只是不断地接近真相而已。非标准答案考试的必要性和价值，放在这样的背景下，就不难理解了。如果结合当今社会十分重视的创新创业型人才的培养，非标准答案考试的意义可谓非凡。

非标准答案考试是推动教师探究式教学、学生自主性学习的关键手段之一。

我曾经提出并一直践行“科学传授犹如科学探索”的探究式本科教学，其实就是利用了非标准答案的思维去探索一个个科学问题。带着非标准答案的思维，赋予了一个个科学问题以灵活性、开放性与探究性，不仅有利于培养学生的创新创业能力，也让课堂气氛变得十分活跃，并富有吸引力。这种非标准答案的探究式教学课堂，与传统课堂有很大的差异，在探究过程中，往往会发现学生对科学问题的答案、对知识的呈现形式与思路等，不仅多姿多彩，而且充满了“创意”。我深感这样的“创意课堂”不失为课堂教育教学改革中培养学生创新能力的一种有效载体，也会为人力资源从传统的“胜任模式”向“创造模式”的过渡提供助力。

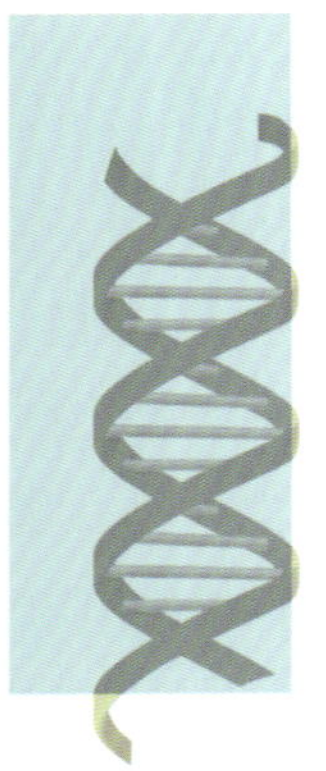

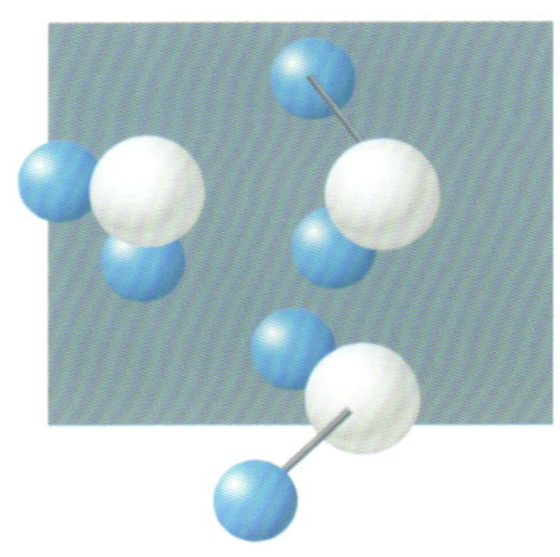

考试题目

题目：

大观园里话细胞

试题说明：

某日，刘姥姥正在参观大观园，突然发现一扇很奇特的门，怀着好奇心，她走近并推开了门……唰……她来到了 21 世纪某生命科学研究所，看到了很多用来做包子、馒头的酵母粉，心想，“我可以拿几包回去给我孙儿做包子呀！”于是，她走过去伸手要拿，突然，被一个身穿白大褂的人叫住了，这个身着白大褂的人对她说：“老奶奶，这个可跟平常我们做包子用的不同，这是我们用来研究肿瘤的。”刘姥姥傻眼了，这做包子用的酵母粉怎么可以用来研究肿瘤呢?

据此自编、自导、自演一部微电影，形象生动地向刘姥姥解释清楚。

考试要求：

1. 拍摄的视频画面清晰，声音洪亮，时间在 5 分钟左右。
2. 要有脚本。
3. 3~5 人一组，自行组合。

学生答案

学生答案一（视频文字介绍，视频详见光盘第二部分）：

生命科学学院	**岳　出**	**2014141221104**
化学学院	**武家民**	**2014141231188**
化学学院	**傅永鸿**	**2014141231035**
计算机学院（软件学院）	**徐奎山**	**2015141462252**
材料科学与工程学院	**蔡鑫宇**	**2014141425001**
化学学院	**方月谷**	**2014141231032**

刘姥姥出洋相之穿越进大生科实验室（剧本）

这天刘姥姥在众人的簇拥下参观大观园，正值盛春，满园春色。突然她看见了一个身穿蓝衣的胖子的身影，便追了过去，结果蓝胖子从口袋里掏出了一扇门，然后躲了进去，刘姥姥紧追过去打开了那扇门，跟着也进了那扇门。

一道强光刺了过来。等她再次睁开眼的时候，她发现自己正在一间非常干净而奇怪的房间，墙都是白色的，房间的陈设也很是奇怪，还放了几个她不认得的“大个儿”，桌子上放了一些奇奇怪怪的透明瓶子，里边装了一些粉末，瓶子上写着“酵母”。（文字叙述部分，直接在白板上写出文字）（透明瓶子画出来）

刘姥姥便想拿一些回去给他的孙儿做包子，正当她伸手拿这些瓶子的时候，被一个和尔康长相一样的实验员叫住：“住手！”

实验员告诉刘姥姥，这可不是用来做包子的，是用来研究癌症的酵母，是真核的单细胞生物，通常为椭球形，以出芽的方式进行无性生殖。实验室培养非常容易，它对环境要求不高，可以用固体培养基培养，也可以用液体培养基培养，

如果营养充足，理论上可以无限增殖。

癌症是由细胞内的原癌基因和抑制基因的变异所引起的细胞不正常分裂、分化的疾病。癌细胞通常可以无限增殖，而且生长迅速，细胞膜表面的糖蛋白减少而导致黏着性下降。如果一个器官出现癌细胞且没有及时被清理，则进而会发展成肿瘤。脱落的癌细胞短时间内便可以通过血管、淋巴，浸润其他组织。

动物细胞在实验室的培养比较困难，对培养环境的要求非常高，要求高度的无菌，以防止污染物的污染。此外，动物细胞需要加富培养基才能培养，需要丰富的营养物质和血清等天然成分，以模拟体内的环境，相对成本更高。

用酵母为模式生物研究癌症的优点主要有：

（1）酵母和癌细胞都是真核细胞。

（2）酵母和癌细胞一样可以无限增殖。

（3）酵母培养条件相对更容易达到，培养起来成本低。

由于以上种种优点，酵母菌成了癌症研究中癌细胞的一种很好的替代品。

刘姥姥听完以后，惊呼："我好方，看来老身真的老了，跟不上时代的发展了，小小酵母居然还有这么大的用处，真是让人惊叹啊。"

学生答案

学生答案二（视频文字介绍，视频详见光盘第二部分）：

生命科学学院
孙淑妍　2014141241114 / 王　萱　2014141241129
朱　思　2014141241182 / 范士杰　2014141241024

刘姥姥嬉游大观园之科研所奇遇记（脚本）

Hello！大家好，讲几个观点。

第一个观点，什么是肿瘤?
肿瘤细胞是什么，诶你就好好听。
致癌物引突变，体细胞变异。
失控细胞周期，具有迁移性。
代谢功能旺盛，虚耗你身体。
接触抑制丧失，危害人生命。
研究肿瘤有意义，拯救我和你。
这些说得太笼统，专业人士来分析。

“让我们连线专家”

恶性上皮细胞肿瘤也叫癌症，是目前危害人类健康最严重的一类疾病。

与良性肿瘤相比，恶性肿瘤生长速度快，呈浸润性生长，易发生出血、坏死、溃疡等，并常有远处转移，造成人体消瘦、无力、贫血、食欲不振、发热以及严重的脏器功能受损等，最终造成患者死亡。

第二个观点，什么是酵母?
酵母是真核的，酵母是单个的。
酵母兼性厌氧，菌落表面黏稠。
酵母可以酿酒，还可以发馒头。
Oh~~
酵母能产酒精和二氧化碳！！！
这些还不够，这些还不够!

“让我们连线专家”

酵母是单细胞微生物。它属于高等微生物的真菌类。它和高等植物的细胞一样，有细胞核、细胞膜、细胞壁、线粒体、相同的酶和代谢途径。

最常提到的酵母为酿酒酵母（也称面包酵母）。几千年前人类就用其来发酵面包和酒类，在发酵面包和馒头的过程中面团中会放出二氧化碳，从而形成蓬松的口感。

第三个观点，酵母肿瘤关系。
肿瘤细胞很贵，酵母很实惠。
研究需要材料，一般都很费。
都是真核细胞，功能差不离。
人体基因同源，疾病好分析。

学生答案

作为模式生物，快速易培养。

攻克癌症难关，酵母有力量！

（注：视频 rap 完全原创）

教师点评

这些微电影视频答案之所以让人觉得眼前一亮，首先，在于其表现形式很新颖。比如第一个视频，通过学生现场作画，展示要回答的内容，并显示了刘姥姥从大观园穿越到科学高度发展的现代的实验室的情景；而第二个视频通过节奏感极强的 Rap 说唱形式进行展示，可谓科学与艺术的有机融合。其次，为了让刘姥姥明白她所看到的酵母并非自己家里为孙子做包子用的酵母那么简单，这些视频答案展示了酵母细胞的特性以及癌细胞的特性，既有普通解读，更有连线“专家”进行解读，特别是很巧妙地从培养条件、成本等方面解释了为什么酵母细胞可以用于肿瘤研究。

学生的创造力，在答案中体现得淋漓尽致。

遗传学（双语）

课程号：204132030

课程简介

“遗传学”是高校生物学专业的核心课程之一，主要研究遗传信息的本质、储存、表现、遗传、变异及进化，从对性状的分析到基因的发现，从对基因功能的阐释到对遗传物质的改造，体现了遗传学“源于实践、造福人类”的特质。

王海燕／四川大学生命科学学院

王海燕，博士，教授，四川省精品课程、四川省精品资源共享课“遗传学”负责人，曾荣获国家级教学成果二等奖、四川大学教学成果一等奖、四川大学优秀教学奖一等奖。

生物学专业课教学中利用多元化过程考核培养学生的科学及人文素质

四川大学生命科学学院　王海燕

【摘　要】在遗传学及基因工程课程教学中，强化过程考核，采用课堂讨论、阶段测验、专题报告、辩论赛及课程论文等多元化的考核形式，从基础知识、科学素养、人文素养和社会责任等方面对学生进行全面的培养和考查，使学生综合素质和能力得到全方位的提升。

【关键词】遗传学及基因工程　课程教学　过程考核　综合素质和能力

随着我国高等教育的发展，本科教学受到越来越多的重视，提高本科教学质量成为教学改革的一项重要任务。考试作为评价和检验教学质量的一种重要手段，是教学工作的重要环节。随着以素质教育为核心的教学改革的深入，建立创新的课程考核方式，培养既掌握系统的科学理论基础知识，又具有科学素质和人文素质的高层次创新人才，是教学方法及考试改革的重要内容。

遗传学是高校生物学专业的主干课程之一，不仅是现代生物学的重要知识构成，而且在方法学上有着独有的特色和重要的地位。遗传学研究遗传信息的本质、储存、表现、遗传、变异及进化，从对性状的分析到对基因的发现，从对基因功能的阐释到对遗传物质的改造，体现了遗传学“源于实践、造福人类”的特质。基因工程技术是遗传学理论在分子水平的实践与应用，是生命科学领域发展速度最快的前沿技术。

作者从事遗传学及基因工程本科课程教学多年，在教学内容、方式方法等方面进行了大量的研究探索[1]。在课程考试方面，通过强化过程考核，把考核贯穿到日常教学过程中，力求对学生课程学习过程中各节点进行质量控制，激发学生学习主动性。通过多元化的考核方式和新的学业评价体系，从基础知识、科学素养、人文素养和社会责任等方面对学生进行全面的培养和考核，使学生综合素质和能力得到全方位的提升。

一、掌握基础知识、基本理论是课程学习的根本

虽然素质教育的目标是把发展独立思考和独立判断的能力放在首位，但是掌握专业基础知识是独立思考和独立判断的前提。我们在遗传学和基因工程课程的教学活动中，一直强调学生对基本概念、理论的掌握，以及运用这些基础知识分析解决问题的能力。对这些基础知识和能力的考核，我们主要通过阶段测验及期末考试来进行，并且各有侧重。

（一）不定期的随堂阶段测验

在整个学期，我们安排了 2~3 次不定期的随堂阶段测验（占课程成绩的

10%~15%），内容是前一阶段所学的基本概念、理论及分析方法，考试时间约1个学时，主要考查学生对基础知识的掌握情况。在实施过程中，测验时间是课堂临时决定的，不提前通知学生，学生如果当天缺课，则该次测验得零分（课前提前请假的除外）。这种方式也是教师加强课堂管理的一个措施，代替了“点名”考查出勤率的传统做法，对学生形成了约束力，防止逃课现象的发生。当然，由于各种原因缺席而得零分的学生，也可以通过其他激励方式获得额外的加分，如参与课堂讨论，因此这种临时考试方式实施以来并没有招致学生的异议。

（二）开放灵活的期末考试

期末考试（占课程成绩的40%，闭卷），改变了传统的主要考查学生记住了多少知识点的考试方式，侧重于对学生运用遗传学原理和知识解决问题的能力的考查。除了对一些遗传学基本概念和方法的考核形式外，更多的是对理解原理、设计实验、分析数据、综合各章节知识解决复杂问题的能力的考核形式，加大综合性、前沿性试题的比重。学生不需要在考试前做大量的参考题，更不需要背考题及标准答案，而需要分析实验数据得出推论，或根据所学的遗传学理论设计合适的实验方案，或解释实验中的“意外”结果并设计正确的检测实验方案等。例如：“正反交实验在 F_1 代如果得出不同的结果，可能是伴性遗传、细胞质遗传或母性影响，怎样用进一步的实验来确定属于哪一种类型？”再比如，结合一则新闻报道，要求学生分析其中蕴藏的遗传学知识，“2016年2月24日英国《每日邮报》报道，英国一对夫妇生下一对同卵双胞胎姐妹，但姐妹二人的肤色截然不同，一黑一白，专家称这种事情发生的概率是百万分之一。请根据你所学遗传学知识解释有哪些原因可能导致这种现象的出现。如何证明你的推测？”回答本题需要用到遗传学课程的很多知识，如突变、表观遗传、基因与环境的相互作用、发育遗传学以及DNA序列测定、DNA甲基化检测等分子生物技术，考查了学生综合运用所学基础知识科学分析问题的能力。

还有一些问题是没有标准答案的，只是考查学生对于所学课程知识的归纳、分析、演绎以及辩证思维能力，考查学生对本门课的理解与掌握程度。如：“有

遗传学家认为人的寿命长短是由遗传基因决定的，又有医生说寿命长短是由医疗条件、营养条件等社会保障因素决定的。他们的观点对吗？请你结合遗传学知识谈谈你的认识。”这样的问题可以促使学生在掌握基础知识的基础上，发挥创新及辩证思维，充分展现个人观点。

二、培养科学素养是课程学习的核心

科学素养是人们在认识自然和应用科学知识的过程中表现出的内禀特质，是指在掌握科学知识的基础上，还应具有的科学精神、科学技能以及科学方法。拥有良好的科学素养是高等教育培养人才的目的之一。遗传学作为一门科学课程，在传播遗传学知识的同时，更应关注学生科学素养的培养。为了在遗传学教学中培养与提升学生的科学素养，教师除了在课堂上注重介绍科学家、科学史、科学进展以外，还在教学中设计了多种以学生为主体的教学活动，从科学发现、科学精神、科学方法等方面培养学生的科学素养。

（一）通过经典文献阅读追寻科学发现的历程

培养科学素质首先要培养原始创新意识和尊重原创的态度。在日常的课堂教学中，限于学时数，教师往往直奔主题，直接介绍概念和原理，很少介绍科学家最初如何得到这些结论，这实际上丢掉了最值得学生学习的知识，即科学发现的技能；也忽视了最重要的科研素质，即原始创新的意识和能力[2]。因此，我们让学生通过课后的经典文献阅读，去追寻科学家“提出问题、设计实验、分析数据、建立模型、验证模型、得出结论”的完整过程，让学生通过主动的探索、发现和体验，学会对文献资料及有效信息的收集、分析、判断和处理，使学生受到科学思维方式和研究方法的熏陶，培养创新意识和科学素养。

我们在课程教学中，设计了“经典文献阅读报告会”这样一个考核环节，让学生去探寻知识的原始发现过程，而不只是知识本身。教师列出一些与遗传学相关的主题及对应的 1～ 2 篇经典文献，每个学习小组选择一个主题，课后阅读该篇文献并在小组内分析讨论，最后在课堂教学过程中或专门的阅读报告会上报告有关内容，回答师生的提问并共同讨论其中的疑问之处。

学生在经典文献的阅读过程中，为了深入了解相关知识并能清楚地介绍给其他同学，往往都会主动对作者发表的相关文献进行追踪阅读，了解科学知识的发现过程，受到潜移默化的科学思维训练，而小组成员之间的相互交流也大大提高了同学们的阅读理解效率。例如关于研制第一代和第二代转基因金色大米的文献，同学们通过对原文的精读，弄清了转基因植物从设计到研制的完整过程，特别是第二代金色大米，科学家在设计时已充分考虑和避免了现在很多人担忧的转基因安全性方面的问题，使学生认识到科学的发展与进步是逐步推进的过程，盲目地封杀只会阻碍社会的发展与进步。而作者在文后关于提供金色大米无偿使用的声明，更让同学们深深感受到科学家的社会责任感。

（二）通过课堂讨论和课程辩论赛传递科学精神

科学素养中，最核心部分是科学精神。什么是科学精神？科学精神是怀疑精神，科学的态度首先就是怀疑，它要求人们凡事都要问一个“为什么”，追问它“究竟有什么根据”，打破砂锅问到底，而决不轻易相信；科学精神是求真精神，科学研究是获得客观的、真实的知识；科学精神是创新精神，创新是科学的生命，没有创新，就没有科学[3]。在专业课程的学习中一定要重视培养学生的科学精神，课堂讨论和辩论是培养怀疑、求真、创新精神的一个很好途径。生物体是世界上最复杂而精巧的机器，生命活动具有最精密而协调的调控网络，生物进化具有高度的不确定性，因此，在遗传学或基因工程等生物学课程中开展相关的讨论与辩论具有独特的优势和资源。

课堂提问和讨论是科学素养训练必不可少的环节。提出问题是思维的起点，也是思维的源泉和动力，可以激发学生解决问题的强烈愿望，进而训练学生的创新思维。由于我国部分学生习惯于接受知识的教学模式，因此在提问和讨论时往往以沉默面对。此外，由于学生的水平参差不齐，参与发言的往往总是少数几个同学。怎样调动大多数同学的参与积极性，是我们一直在思考的问题。

首先，教师在教学中一定要鼓励学生大胆地提出自己的看法与想法，即使不

对也没有关系，可以进一步去思考与求证。其次，在形式上我们把学生参与课堂讨论的情况进行量化打分，学生每次发言可以获得额外的 2 分，每人总共加分不超过 5 分。课程总成绩 5 分的额外加分对学生参与课堂讨论是很好的激励措施。此外，对于缺席了随堂测验的同学，他们通常都会通过 3 次发言挣回 5 分。当然，分数的激励只是最初级的措施，教师精心选择设计的讨论议题才是学生积极参与的原动力。好的问题会带动学生深入思考，锻炼学生的思维力、创造力和表达力，使学生真正投入课堂，并从中获益。因此，提出的问题不应是常识性的标准化答案，而应具有答案多元性、思想开放性的特质，才能激发起学生讨论的热情。例如，我们在课堂上提出了一个假设，“如果未来的人类可以创造生命，或者从生命萌发状态就有一个‘上帝’能够指导演化，是否可以创造（改造）出一种完美的生命？完美生命应该满足什么条件？”学生对这一问题参与的热情就很高，从讨论“具备什么特性才完美”，到质疑“何为完美？完美对自然界有意义吗？”思维得到很好的训练。这种主动参与的自由精神充盈于教学之中，学生能从中体验作为课堂主人的满足感和责任感，获得学习的快乐。

课程辩论赛不仅可以促使学生主动获取知识，更重要的是让学生学会应用知识去批判对方的观点，具有严谨的逻辑，对学生的批判与创新意识与能力都是很好的锻炼机会，有利于学生确立辩证唯物主义世界观。因此，在几年前我们就将辩论赛纳入遗传学课程的教学活动，并且其在课程成绩中占较大的比重（15%）。巧妙的辩题设计是辩论赛成功的基础，可以帮助学生拓展思路，培养独立思考的能力，提升质疑权威的勇气。在前期的辩论赛中，由教师根据教学内容设计辩题，后来为了进一步锻炼学生的创造力，改由学生自拟辩题。

首先，由每个学习小组提出 2~3 个和遗传学相关的辩题，然后举行一次关于确定辩题的讨论会。讨论会中每个小组的同学都积极发言，阐述本组辩题的优势及合理性，同时也指出其他小组辩题的不足，虽然目的是让本组的辩题入选，但实际上也促使同学们对每个题目都进行思考，正反双方应各持什么观点，题目是否具有可辨性。在几年的辩论赛中，同学们最终确立的辩题很多，诸如“大力发展转基因作物，利大于弊还是弊大于利？”“基因专利，利大于弊还是弊大于利？”“个人基因组测序，利大于弊还是弊大于利？”“定制胚胎是好是坏？”“恢复灭绝物种是好是坏？”“是否应该进行生殖细胞、胚胎细胞的基因改造？”“同性恋主要由先天因素还是后天因素引起？”“抑郁症是先天影响较多还是后天影响较多？”“科技是让人进化还是退化？”等等。从这些辩题来看，同学们除了关注生物科学的热点、伦理问题以外，也关注人类自身的健康。例如，在2015年的辩论赛中，几组同学分别提出了“定制婴儿”“人工设计优良的物种是好还是坏”“是否应该进行生殖细胞、胚胎细胞的基因改造”等辩题，均是源于热门的运用CRISPR/Cas9技术进行人类基因组编辑，大家最后将辩题确定为“定制胚胎是好是坏？”在我们进行辩论赛一个星期后，《Nature Biotechnology》报道，他们联络了全球50位研究者、伦理学家和商业领袖，对人类生殖细胞改造所引起的伦理问题等发表评论。看到这一报道，同学们都很开心，作为一个大学生，他们也参与了这一世界顶尖问题的讨论，体验到了成功的价值。

整个辩论赛完全由学生自己设计赛制及流程、组织辩论过程，教师更多的是以一个参与者和学习者身份加入其中。辩题及辩论双方确定后，同学们还要商议双方立论，以免立论角度不一致。例如，关于定制胚胎的辩论，正方最初的立论是对疾病基因的改造，这样可辩性就不强，所以双方协商一定是针对正常个体，以改造基因生完美宝宝为目的定制胚胎。得益于小班教学的形式，班上每位同学都能参与到辩论赛中。通过辩论赛的锻炼，学生归纳论点、利用论据证明论点的能力都得到了提高，科学的思辨能力自然加强。此外，辩论赛还可以促进学生辩证地思考科学及社会问题，用唯物的、辩证的、客观的、发展的眼光看待问题和事物，这对于他们树立正确的科学观、人生观都是有帮助的。此外，辩论赛可以对学生表达沟通能力进行训练，也可以为他们今后考研、求职的面试积累经验，使教育成为真正意义的素质教育。

（三）模拟立项科研项目，学习科学研究的方法

结合课程的教学内容和要求，带着科研训练这一目标导向，让学生自己拟定

一个相关的研究题目，撰写研究计划书，帮助学生了解立项、组织科研项目的过程，实质是学习应用所学知识解决未知问题的科学过程。例如，在基因工程课程中我们布置了一个课程论文——一个基因工程产品的研制方案，要求学生自己设计一个基因工程产品，撰写相应的研制方案。和科研项目计划书类似，研制方案中要包括立项依据、研究内容及技术路线、研制中可能存在的问题及解决措施等。从学生提交的论文看，既有研制"生长类似人类头发的转基因猴子""没有蛋黄的鸡蛋""和我们一样长寿的宠物"等脑洞大开的创意，也有很多基于学生正在进行的科研训练而制定的切实可行的研究方案，如"利用 CRISPR/Cas9 敲除运动发酵单胞菌天然质粒生产高效产乙醇的运动发酵单胞菌"等。当然，也可以看出一些同学提交的设计方案直接参考了某篇已发表的研究论文。虽然今后在如何选题方面有待进一步改进，但这一考核形式，至少让每位同学清楚了立项科研项目的基本过程及规范。这种早期的训练与考核方式对于部分同学以后设计方案，申请大学生创新项目，进一步锻炼科研创新能力极有帮助。

三、提升人文素养及社会责任是课程学习的更高目标

科学归根结底是和人类的切身利益和长远利益息息相关的，科技进步可以改变人们的价值观、思维方式、生活方式和社会生产方式。人文精神是人对自然、社会、他人及自我的基本态度，是人和人类社会自我激励、自我约束、自我完善所需要的美好精神要素[4]，是科技进步的推动力和领航员。在专业课教学中，我们也可以充分挖掘其中的人文教育资源，对学生进行全方位的素质教育。遗传学蕴含着丰富的人文知识和人文精神，在以科学教育为主的遗传学课程教学中融入人文教育，对于培养学生的人文精神、尊重生命的健康意识，以及对人类社会发展的责任感等都具有重要的意义。"心怀天下，经世致用，悲天悯人"，是一个接受高等教育的学生应有的素养和情怀。

（一）通过"遗传学与社会生活"专题报告揭示科学与社会的内在联系

在遗传学教学中，充分挖掘学科的人文资源，将其巧妙地融合在各个章节相

关知识介绍之中，揭示科学与社会的内在联系。例如，我们组织了“遗传学与社会生活”专题报告会，在课程的相关章节，让各小组分别就“人类行为与细菌耐药性的产生与传播”“重新审视绿色革命”“亲子鉴定中的遗传学基础”等问题进行报告，让学生剖析这些社会问题所涉及的遗传学理论基础。通过对这些问题的讨论和思考，提高了学生的人文意识和人文精神。此外，学生通过课程的学习，能用遗传学知识给周围的人解答一些社会生活问题，可让他们获得学习的成就感和荣誉感。

（二）通过学习遗传病知识帮助学生了解自身、尊重生命

遗传学与人类的生殖、繁衍、疾病健康密切相关，了解自身、尊重生命也是遗传学课程的人文主题。“在线人类孟德尔遗传数据库（OMIM）”是一个关于人类基因与遗传性状的综合性数据库，我们要求学生在课后学习使用该网站，每人查询一种自己感兴趣的遗传疾病，了解该疾病基因的相关信息，撰写介绍该遗传病知识的科普短文。然后，在课堂教学中设置 OMIM 环节，每次课留出 20 分钟，由 2~3 位同学上台讲解自己所查询遗传病的相关知识，要求以简明扼要的语言、丰富多彩的图画，利用短短 5 分钟介绍一种遗传病，说明该疾病是由什么基因突变引起的、显隐性、染色体定位、致病的分子机制、主要症状表现，该遗传病最早的文献报道、目前主要的治疗措施等内容。这实际也是对学生的自学能力、英文阅读理解能力、归纳总结能力以及自我表现能力的综合考核。通过这样一个教学环节，除了使学生在一个学期能够了解多种遗传病的基本知识以外，更重要的是通过对遗传病的深入了解，激发了学生对生命的尊重与珍视。那些遗传病患者看似和我们无关，实质是替每个健全人承担了遗传风险，对弱势人群的关爱是每一个健全人的基本素质。作为一个幸运的健全人，一个接受高等教育的大学生，也许在他们今后人生道路遭遇挫折、自暴自弃时，回想那些不幸的遗传病患者，会重新建立信心。

（三）通过科普宣传引导学生承担社会责任

在专业课教学中，可以让学生利用所学知识服务社会，增强学生的社会责任

感，确立服务社会的理念。例如，前几年在全社会对转基因食品争论如火如荼的大背景下，对于正在学习基因工程课程的大学生，我们认为他们不仅要自己掌握相关的专业知识，也有责任向公众，或起码是他周围的亲朋传递转基因的科学知识。科普不仅是科学界的事情，也是每一个掌握专业知识人士的责任。基于这一设想，我们设计了一道平时考核的试题——一个生物学专业学生眼中的转基因植物 / 食品，要求学生撰写一篇关于转基因植物 / 食品的科普短文并发送到微信朋友圈、QQ 空间等社交平台，积极与评论者互动，期末时在课程网站上提交自己的科普短文、好友的评论以及最后的总结。相似的作业以前也布置过，一般就是让学生写一篇科普短文就行了。在资源无限丰富的网络时代，学生可能只需要花半小时通过拼拼剪剪就可以完成论文，写完后可能自己都没有认真阅读，更不用说思考相关的问题了。学习永远不是一件轻松的事情，如果没有外力的推动，大多数学生总是有惰性的，教师应该把他们的积极性调动起来。所以，后来我们要求学生将短文发送至自己的社交平台，这样同学们就会严肃认真地对待，思考采用何种形式、从什么角度、选择哪些内容、用什么通俗易懂的语言，让自己朋友圈的读者了解相关的知识，很好地促进了学生对课程知识的学习和掌握。此外，同学们在与评论者的大量互动中，进一步加深了对相关问题的思考和理解，取得了更大的收获。

这道考核题我们在最近两年均布置过，同学们把科普短文分别发送至了 QQ 空间、微信朋友圈、微博、贴吧，甚至果壳网等科普网站，并且都附上了相关的评论。从最后的总结可以看出，同学们都花了大量的时间参与这次活动。一位同学写道，“我个人是比较排斥部分转基因食品的，所以我一直在想我怎么才能写出比较客观又正确的文章，这样才能传递给别人一些正确的东西。在提笔之前，我查阅了大量的资料，关注果壳网的微博，一条一条地看，又到科学网上看别人发的帖子……然后自己又在 PubMed 上面查找、核实资料。最后，我艰辛地写完了。”在与评论者大量的互动交流中，同学们对转基因安全性这一问题有了更深刻的思考。一位同学的总结比较有代表性：“来自生物学专业同学的评论，由于系统地学习过相关内容，他们对于转基因的认识比较客观、比较全面……没有学习过相关知识的同学，对转基因持怀疑态度，并不十分愿意接受转基因，但并不反对转基因的发展。然而有的同学对转基因定义不明确，希望他读过我的科普小短文之后，对转基因有一定的认识……与父母的交流让我认识到一个很重要的问题，那就是：现在大部分民众（中、老年群体为主）对转基因的具体概念并不清楚，只是觉得大家都说不好的那么一定就是不好的。同时，某些公众人物对他们的影响不可忽视……我知道新事物的诞生总是伴随争议，但是无论转基因是好是坏，我们总得给它一个机会，不能因为一些虚无缥缈的传闻就封杀个彻底。这不仅是对科学家辛勤研究的不尊重，更是对人类发展进程的否定，这样是不对的。”

（四）通过课程总结报告促使学生反思所学知识及人生

在期末，我们通常会要求学生“以遗传进化为主线，撰写对遗传、进化和生命的感悟”，让同学们在课程学习结束后，再回过头来反思课程的知识及启示，辩证地思考一些生物科学乃至人生哲理的问题，最终形成自己的思想，这对于学生的发展至关重要。这些思考可以帮助同学们树立正确的生物学观，最终帮助他们构建正确的生命观和人生观。

四、体会及思考

在我们的遗传学及基因工程课程教学过程中，这些多元化的过程考核形式，在不同的学期分别实施，是课程考核的重点。伴随教学改革，我们也建立了新的学生学业评价体系，强调过程考核，教师主要参考学生平时在课堂讨论、专题报告、辩论赛以及课程论文等方面的表现综合评定学生成绩。课程成绩中，期末考试占40%，过程考核占60%，大致由课堂表现（10%+5%）、阶段测验（10%~15%）、专题报告（10%~15%）、辩论赛（15%）、课程论文（10%）几部分构成。这种培养及考核方式，不仅使学生在基础知识、科学方法、独立思考、创新思维等方面得到锻炼，也使学生的人文精神及社会责任感得以加强。这些教学活动不仅提升了学生学习的主动性，学生获取知识和应用知识的能力也得到显

著提高，更重要的是他们学会了独立思考，学会了辩证地看待科学及社会问题，形成了自己的观点和思想，在获取科学知识的同时能够享受科学之美，并获得人生感悟。

当然，在教学中还有一些问题需要思考和改进，例如小组式分工协作容易使积极性不高的学生偷懒，个别学生参与度不高，导致报告与讨论仅仅依靠小组内几位学习认真、有兴趣的学生来完成。如何让每一位同学都积极参与到教学活动中，是我们今后要解决的问题。此外，从专题报告来看，不少同学的总结凝练能力、PPT 制作能力、语言表达能力等还较弱，直接导致报告的效果不好，其他同学受益较少。因此，在今年的教学中，在每个小组报告前，都由教师对报告进行审阅，提出修改意见，这较好地提高了报告效果，也让报告的同学得到进步。不过，这对教师的学术水平、教学能力、组织能力、工作责任心等提出了更高的要求。随着教学改革的不断深入，教师也要不断学习进步，全方位提升自己的素质。

参考文献：

[1] 王海燕等 . 遗传学教学中以学生为主体的教学改革探索 [J]. 高校生物学教学研究， 2015，5（2）：34.

[2] 邢万金，莫日根 . 在遗传学课堂教学中培养本科生科研素质 [J]. 遗传，2016（11）.

[3] 引自中国青年报 .

[4] 胡延吉，梁红 . 美国遗传学教材的编写原则及特点 [J]. 中国农业教育，2010（1）： 51-54.

考试题目

题目：

人类遗传病系列讲座

试题说明：

“在线人类孟德尔遗传数据库（OMIM）”是一个关于人类基因与遗传性状的综合性数据库。学习使用在线人类孟德尔遗传网站（http：//www.omim.org/）。

每位同学选一种感兴趣的遗传病（需要是单基因决定的遗传病），在 OMIM 数据库查询相关资料，了解该疾病是由什么基因突变引起的、显隐性、染色体定位、致病的分子机制、主要症状表现，以及关于该遗传病最早的正式发表文献里是如何介绍的、目前主要的治疗措施等内容，写一份关于该遗传病的科普短文。

考试要求：

1. 用中文撰写，图文并茂。请同学们彼此沟通，尽量选择不同的遗传病。
2. 在课堂上以简明扼要的语言介绍所查询的遗传病。

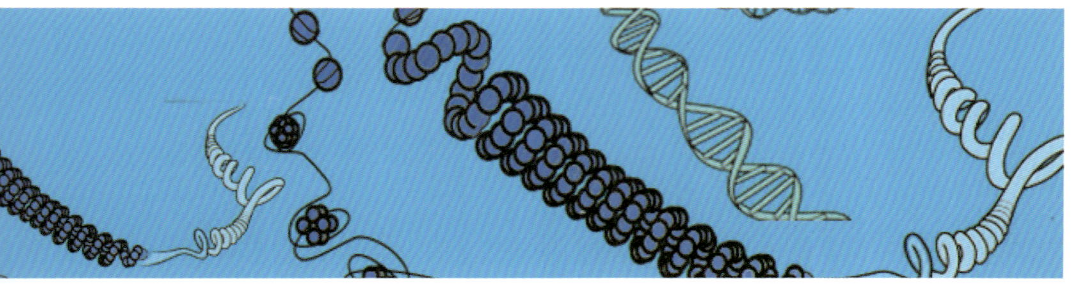

学生答案

学生答案一（节选）：

生命科学学院　王童杰　2014141491116

单基因遗传病
——甲型血友病（A 型血友病）

简　介：

甲型血友病作为血友病的一种，且最典型的一种，为 X 隐性遗传病。其与血友病 B（圣诞节病）为连锁隐性遗传，血管型血友病为常染色体遗传。该疾病主要发生在男性和纯合子女性，但是轻度血友病可发生在杂合子女性中（X 染色体失活）。

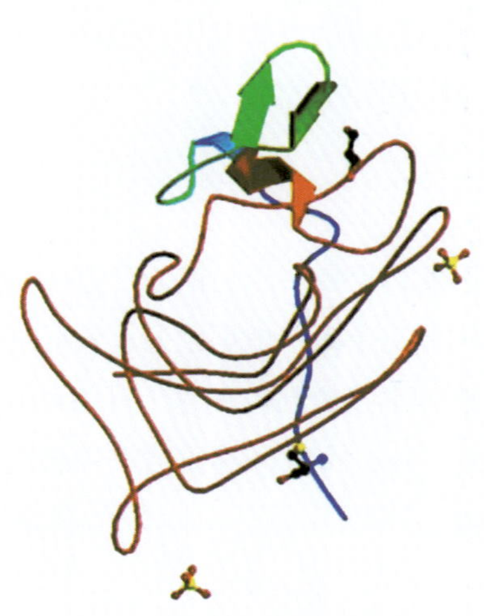

图 1 X 染色体示意图

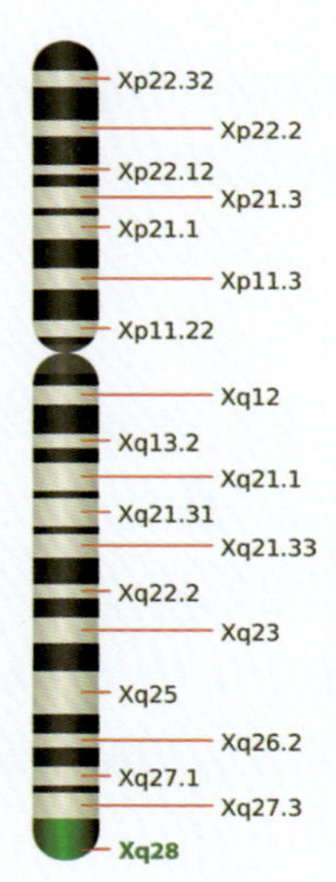

图 2 凝血因子Ⅷ示意图

学生答案

基因组坐标（GRCh38）：X：154，835，787–155，026，933。

细胞遗传学定位：Xq28。

致病分子机制：

凝血因子Ⅷ出现异常。由于基因发生各种突变，使得该凝血因子活性降低或数量减少，引起血友病。例如基因倒置，使得凝血因子Ⅷ几乎消失，产生严重的血友病。除此之外，10%~20% 严重的血友病患者会对外源凝血因子Ⅷ产生抗体。

主要表现：

凝血因子的缺少或活性改变导致凝血功能的下降，小于 1% 活性的被定义为重度血友病，1%~5% 的为中度血友病，5%~40% 的为轻度血友病。轻度血友病患者会在手术或严重创伤后产生较轻微的症状。重度患者皮下、肌肉及关节等部位反复出血，关节内血肿畸形多见。中度则处于两者之间。

个人想法：

虽然血友病是一种研究时间很长的单基因病，但是对于它的治疗并没有一个完美有效的方法，许多都面临着免疫抗性的问题。个人考虑可以通过对肝细胞进行修饰改造，再放回肝脏中，通过新的重组细胞不断复制和表达，可能可以实现一定功能的恢复和治疗。（F8 基因可在人类肝脏、脾脏、淋巴结等中表达，但不在骨髓、外周血淋巴细胞或内皮细胞中表达）

学生答案二（节选）：

生命科学学院　余　洋　1142043013

抑郁症

目前在世界范围内抑郁性障碍的发病年龄提早，发病率增加。终身患病率在不同国家不尽相同，有调查显示中国的患病率约为 6%，而日本的患病率则高达 20%。而在抑郁性障碍中重性抑郁障碍最为常见，因此有时也将重性抑郁障碍简称为“抑郁症”。

主要症状：情绪低落，思维迟缓，意志活动减退。

主要病因：遗传因素，生化因素，心理—社会因素。

许多研究都发现抑郁症的发生与遗传因素有较密切的关系，抑郁症患者的亲属中患抑郁症的概率远高于一般人，为 10 ~ 30 倍，而且血缘关系越近，患病概率越高。据国外报道，抑郁症患者亲属中患抑郁症的概率为：一级亲属（父母、同胞、子女）为 14%，二级亲属（伯、叔、姑、姨、舅、祖父母或孙子女、甥侄）为 4.8%，三级亲属（堂、表兄妹）为 3.6%。这与遗传疾病的一般规律相符。

学生答案

表 1　表型与基因型关系

位置	表型	表型的 MIM 号	基因 / 座位	基因 / 座位的 MIM 号
6p21.31	{重度抑郁症，强烈响应抗抑郁药物治疗}	608516	FKBP5	602623
12q21.1	{单相抑郁症，易患}	608516	TPH2	607478
12q22–q23.2	I 型重度抑郁症	608516	MDD1	608520
13q14.2	{季节性情感障碍，易患}	608516	HTR2A	182135
13q14.2	{重度抑郁症，响应西酞普兰治疗}	608516	HTR2A	182135
15q25.3–q26.2	II 型重度抑郁症	608516	MDD2	608691

表 2　治疗方式

疾病严重程度	药物治疗	心理治疗	药物联合心理治疗	电休克治疗
轻中度抑郁	选择	选择	对存在社会心理或人际关系问题、内心矛盾的患者，可能有效	对特定患者可选择
重度抑郁不伴精神病性症状	选择	不选择	选择	选择
重度抑郁伴精神病性症状	选择，抗抑郁药和抗精神药联合治疗	不选择	选择，抗抑郁药和抗精神药联合治疗	选择

学生答案三（节选）：

生命科学学院　孙　齐　1042043016

鱼鳞病

鱼鳞病由不正常的表皮细胞分化或代谢产生。主要表现为四肢伸侧或躯干部皮肤干燥、粗糙，伴有菱形或多角形鳞屑，外观如鱼鳞状或蛇皮状。

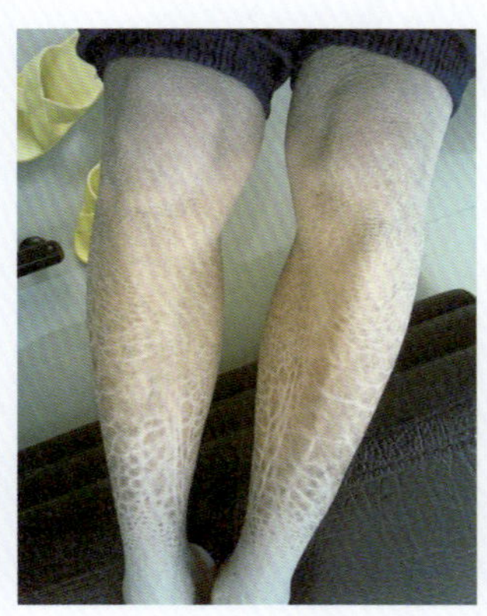

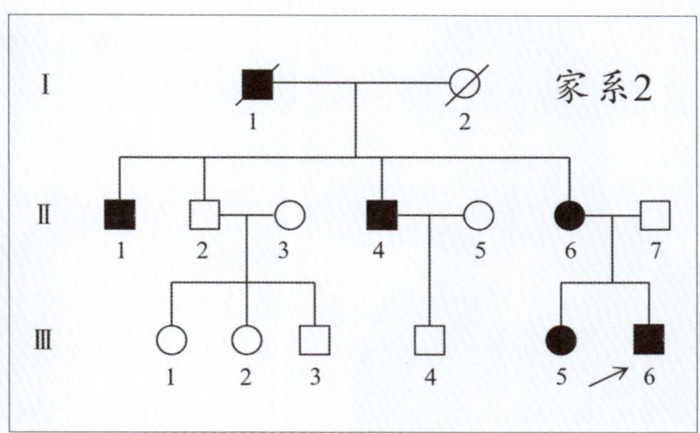

因遗传方式不同，鱼鳞病可分为常染色体显性寻常型鱼鳞病、性联隐性鱼鳞病、先天性鱼鳞病样红皮病、板层状鱼鳞病等。

教师点评

学生答案一

王童杰同学不仅简明扼要地介绍了A型血友病这种常见的遗传病，难得的是，对于疾病的治疗策略，提出了自己的思考和想法。

学生答案二

余洋同学选择了一个大家感兴趣但对机制缺乏了解的疾病进行介绍，以两位著名人物的案例一下子勾起了听众的兴趣，很有新意。

学生答案三

作为教师，在课堂上听到同学坦然介绍自己家族中的这种遗传病，感觉特别欣慰，不仅因为同学能主动学习了解该遗传病，从而正确认识这种遗传病，而且能向家人普及这些科学知识，获得学习的成就感和荣誉感。